R. Dittmer H. V. Buhl

Seefischereifahrzeuge und Boote ohne und mit Hülfsmaschinen

R. Dittmer H. V. Buhl

Seefischereifahrzeuge und Boote ohne und mit Hülfsmaschinen

ISBN/EAN: 9783954270705
Erscheinungsjahr: 2012
Erscheinungsort: Bremen, Deutschland

© maritimepress in Europäischer Hochschulverlag GmbH & Co. KG, Fahrenheitstr. 1, 28359 Bremen. Alle Rechte beim Verlag und bei den jeweiligen Lizenzgebern.

www.maritimepress.de | office@maritimepress.de

Bei diesem Titel handelt es sich um den Nachdruck eines historischen, lange vergriffenen Buches. Da elektronische Druckvorlagen für diese Titel nicht existieren, musste auf alte Vorlagen zurückgegriffen werden. Hieraus zwangsläufig resultierende Qualitätsverluste bitten wir zu entschuldigen.

Seefischereifahrzeuge und -Boote
ohne und mit Hülfsmaschinen.

Von

R. Dittmer,

Kaiserlicher Kapitän zur See a. D. zu Hannover

und

H. V. Buhl,

Schiffsbaumeister zu Frederikshavn in Dänemark.

Herausgegeben vom Deutschen Seefischerei-Verein.

Hannover und Leipzig.
Hahn'sche Buchhandlung.
1904.

Inhaltsübersicht.

	Seite
Verzeichnis der Figuren	VII
Einleitung	1

Erster Teil.

Fahrzeuge und Boote ohne Hülfsmaschinen	5
Die Anforderungen an Seefischereifahrzeuge und Boote	7
Fahrzeuge	7
Boote	7
Durch die Betriebsart bedingte Verschiedenheiten . .	9
Fahrzeuge für den Fang mit Salzung auf See	9
Fahrzeuge ohne besondere Hülfsmittel zur Erhaltung der Fische	15
Boote	15
Fahrzeuge, welche den Fang in Eis verpackt, oder lebend an den Markt bringen	17
Der deutsche Ewer und der aus demselben entwickelte Kuttertypus	20
Die englische Smack	27
Der nordamerikanische Schoner	27
Der dänische Hochseekutter	31
Die Stabilität	33
Die Bünn	39
Die Kastenbünn	39
Die Flachbünn	41
Die Schornsteinbünn	41
Die Bünn eines dänischen Hochseekutters von 40 Tons	41
Die Bünn des Finkenwärder Kutters „Louis und Emma" . . .	47
Die Bünn älterer deutscher Nordseekutter und Ewer	51
Die Mängel und Vorzüge der deutschen und der dänischen Bünnkonstruktion	51
Die Schornsteinklappe	55
Die entleerbare Bünn	56
Die Takelage	59
Klüver, Stagsegel und spitze Gaffeltoppsegel	61

	Seite
Großsegel, Besan- und viereckiges Gaffeltoppsegel	61
Flächeninhalt und Schwerpunkt sämtlicher Segel	63
Stellung und Fall der Masten	67
Steigung des Bugspriets	67

Zweiter Teil.

Hülfsmaschinen für Fahrzeuge und Boote ... 69

Allgemeines	71
Die Stoffe für den Motorbetrieb	72
Das Erdöl	72
Das Benzin	73
Das Motorpetroleum	74
Der Spiritus	75
Das Benzol	76
Die Vorteile und Nachteile von Petroleum, Benzin, Spiritus und Benzolspiritus als Betriebsmaterial	77
Der Petroleummotor	77
Die Einführung des Petroleummotors in die dänische See- und Küstenfischerei	77
Der dänische Petroleummotor des Typus „Alpha"	79
I. Das Gestell und die Hauptwelle	81
II. Der Cylinder mit Zubehör	83
III. Die Petroleumpumpe	84
IV. Die Hülfswelle	84
V. Der Winkelarm	85
VI. Die Kühlwasserpumpe	86
VII. Die Arbeit	86
Der Beibootsmotor	89
Der Motor mit zwei Cylindern	90
A. Vorteile	90
B. Nachteile	90
Maschinenwirkung auf Vorwärts- und Rückwärtsgang der Schraube	90
Die Umsteuerung der Schraubenwelle	91
Die Umsteuerung der Schraubenflügel mit Durchbohrung der Schraubenwelle	95
Der außenbords liegende Teil	95
Der im Fahrzeug oder Boot liegende Teil	96
Die Umsteuerung der Schraubenflügel mit Durchbohrung der Schraubenwelle	98
Der außenbords liegende Teil	98
Der im Fahrzeug oder Boot liegende Teil	101

	Seite
Die Vorteile und Nachteile zweier und mehrerer Schraubenflügel, sowie der festen und der verstellbaren Schraubenflügel	101
Die Aufstellung des Motors und seine Behandlung	103
Bezugsquelle und Einbau	103
Aufstellung	103
Wartung	105
Anweisung für die Ingangsetzung des Petroleummotors „Alpha"	105
Reinigung	109
Betriebsstörungen	110
Gefahren und Vorsichtsmaßregeln	117
Explosionsgefahr	118
Feuersgefahr	118
Vorsichtsmaßregeln	119
Die baulichen Einrichtungen	119
Maschinenraum	119
Aufbewahrungsgefäße (Tanks)	119
Der Betrieb	119
Der Benzinmotor	122
Der Spiritusmotor	124
Vergleiche zwischen Motor und Dampfmaschine	126
Vorrat an Heizmaterial	127
Abmessungen und Gewichte verschiedener Größennummern des Petroleummotors „Alpha"	128

Dritter Teil.

Winden	131
Allgemeines	133
Die Winden dänischer Hochseekutter	133
Die Winden offener dänischer Boote	136
Die Winden deutscher Nordseekutter	136
Ankerwinde	138
Die Winden deutscher Ostseekutter	140

Vierter Teil.

Fahrzeuge und Boote mit Hülfsmaschinen	143
Fahrzeuge mit Motor und lose übergehängter Schraube	145
Mit dänischem Petroleummotor versehene unterelbische Fahrzeuge	149
Ergebnisse der von Frederikshavn aus gemachten Probefahrten mit den Kuttern „Albatroß" und „Louis und Emma" sowie mit dem Ewer „Maria"	154

Seite

Moderner dänischer Hochseekutter mit Petroleummotor
    und Hülfsschraube. 159
Die neuen deutschen Ostseekutter „Memel" und
    „Köslin" mit Petroleummotor und Hülfs-
    schraube 161
Vorschlag zu einem kleineren deutschen Ostseekutter
    mit Petroleummotor und Hülfsschraube . . . 166
Petroleummotorboot für die hinterpommersche Küste 166
Das Petroleummotor-Beiboot. 170
Petroleummotorboot für die Unterelbe 172
Fischereischiffe mit Dampfmaschinen 174

Fünfter Teil.

Betriebskosten von Hülfsmaschinen 177
Preise von Betriebsmaterial 179
Allgemeines 179
Benzin 179
Motorpetroleum. 179
Motorspiritus 180
Betriebskosten von Benzinmotoren 181
Jährliche Betriebskosten von Petroleummotoren im
    Seefischereibetriebe 181
Betriebskosten von Spiritusmotoren 184

Verzeichnis der Figuren.

		Seite
Figur 1	Huker und Buise	8
„ 2	Heringslogger. Konstruktionszeichnung	10
„ 3	Heringslogger. Segelzeichnung	12
„ 4	Offenes Ostseeboot, schwedischer Typus. Konstruktionszeichnung	13
„ 5	Ostseekutter. Konstruktionszeichnung	14
„ 6	Ostseekutter. Segelzeichnung	16
„ 7	Norwegisches Fangboot alter Bauart	17
„ 8	Offenes Fischerboot der hinterpommerschen und ostpreußischen Küste. Konstruktionszeichnung	18
„ 9	Finkenwärder Ewer „Maria". Konstruktionszeichnung	19
„ 10	Nullspant eines älteren Ewers	22
„ 11	Finkenwärder Kutter „Albatroß". Konstruktionszeichnung	23
„ 12	Finkenwärder Kutter „Louis und Emma". Konstruktionszeichnung	24
„ 13	Finkenwärder Ewer „Maria" und Finkenwärder Kutter „Louis und Emma". Segelzeichnung	25
„ 14	Nordamerikanischer Schoner „Tecumseh". Konstruktionszeichnung	26
„ 15	Nordamerikanischer Schoner „Tecumseh". Segelzeichnung	28
„ 16	Dänischer Hochseekutter von 40 Registertons Bruttogröße. Konstruktionszeichnung	29
„ 17	Dänischer Hochseekutter von 40 Registertons Bruttogröße. Segelzeichnung	30
„ 18	Ein flaches, breites und ein tiefes, schmales Schiff in verschiedenen Neigungslagen	32
„ 19	Finkenwärder Kutter „Louis und Emma". Nullspant bei geneigter Lage	34
„ 20	Deutscher, in Dänemark gebauter und konstruierter Kutter „Memel". Nullspant bei geneigter Lage	36
„ 21	Kastenbünn eines nordamerikanischen Kutters	38
„ 22	Bünn eines dänischen Hochseekutters von 40 Registertons Bruttogröße. Nullspant	40
„ 23	Bünn eines dänischen Hochseekutters von 40 Registertons Bruttogröße. Längenschnitt	42

			Seite
Figur	24	Bünn eines dänischen Hochseekutters von 40 Registertons Bruttogröße. Ansicht von oben	43
„	25	Dänischer Hochseekutter. Kiel geholt	44
„	26	Bünn des Finkenwärder Kutters „Louis und Emma". Nullspant	46
„	27	Bünn des Finkenwärder Kutters „Louis und Emma". Längenschnitt	48
„	28	Bünn des Finkenwärder Kutters „Louis und Emma". Ansicht von oben	49
„	29	Finkenwärder Kutter. Neubau	52
„	30	Entleerbare Bünn. Nullspant	57
„	31	Entleerbare Bünn. Längenschnitt	58
„	32	Klüver des deutschen Kutters „Memel"	60
„	33	Großsegel des deutschen Kutters „Memel"	62
„	34	Deutscher Kutter „Memel". Segelriß	64
„	35	Petroleummotor „Alpha"	80
„	36	Petroleummotor „Alpha". Regulator und Einspritzung .	82
„	37	Beibootsmotor „Alpha"	88
„	38	Motor „Alpha" mit Friktionskuppelung für Umsteuerung der Welle	91
„	39	Friktionskuppelung für Umsteuerung der Schraubenwelle	92
„	40	Umsteuerbare Schraubenflügel mit Durchbohrung der Schraubenwelle. System Weihe	94
„	41	Umsteuerbarer Schraubenflügel mit Durchbohrung der Schraubenwelle. System und Patent Meißner . . .	97
„	42	Umsteuerbare Schraubenflügel ohne Durchbohrung der Schraubenwelle	99
„	43	Umsteuerbare Schraubenflügel ohne Durchbohrung der Schraubenwelle	100
„	44	Petroleummotor „Alpha"	104
„	45	Blaselampe „Vesuvius"	106
„	46	Winde dänischer Hochseekutter	134
„	47	Winde offener dänischer Boote	135
„	48	Winde deutscher Nordseekutter	137
„	49	Verstärkte und verbesserte Winde deutscher Nordseekutter	139
„	50	Winde deutscher Ostseekutter	141
„	51	Dänischer Hochseekutter mit Motor und lose übergehängter Schraube. Seitenansicht	146
„	52	Dänischer Hochseekutter mit Motor und lose übergehängter Schraube. Ansicht von hinten	147
„	53	Dänischer Hochseekutter mit Motor und lose übergehängter Schraube. Auf der Helling stehend . . .	148
„	54	Finkenwärder Ewer „Maria" und Finkenwärder Kutter „Albatroß". Mit Petroleummotor „Alpha" und Hülfsschraube versehen	150

Seite

Figur 55 Finkenwärder Kutter „Louis und Emma". Mit Petroleummotor „Alpha" und Hülfsschraube versehen 151
" 56 Moderner dänischer Hochseekutter mit Petroleummotor und Hülfsschraube von 40 Registertons Bruttogröße. Längenschnitt 158
" 57 Neuer deutscher Ostseekutter mit Petroleummotor und Hülfsschraube, Typus „Memel". Konstruktionszeichnung 160
" 58 Neuer deutscher Ostseekutter mit Petroleummotor und Hülfsschraube, Typus „Memel". Längenschnitt . . . 163
" 59 Neuer deutscher Ostseekutter mit Petroleummotor und Hülfsschraube, Typus „Memel". Segelzeichnung . . 164
" 60 Vorschlag zu einem kleineren deutschen Ostseekutter mit Petroleummotor und Hülfsschraube. Konstruktionszeichnung 165
" 61 Vorschlag zu einem kleineren deutschen Ostseekutter mit Petroleummotor und Hülfsschraube. Längenschnitt . . 167
" 62 Vorschlag zu einem kleineren deutschen Ostseekutter mit Petroleummotor und Hülfsschraube. Segelzeichnung . 168
" 63 Petroleummotorboot für die hinterpommersche Küste. Konstruktionszeichnung 169
" 64 Petroleummotorboot für die hinterpommersche Küste. Segelzeichnung 170
" 65 Petroleummotor-Beiboot 171
" 66 Petroleummotorboot für die Unterelbe 173
" 67 Deutscher Fischdampfer „Elma" 175

Einleitung.

Seit die Küsten der Meere und Ozeane von Menschen bewohnt sind, wurde Fischfang an den Küsten betrieben. Jahrtausende lang erstreckten sich die Fangfahrten auf die Wassergebiete vor den Küsten. — Es werden etwa achthundert Jahre vergangen sein, seit Fischer anfingen, auf die hohe See hinauszugehen, um den Hering zu fangen und zu salzen, oder um Wale und Robben zu jagen. Etwa sechzig Jahre sind verstrichen, seit man begann, die Nordsee und die an sie grenzenden Meere mit dem Grundschleppnetz auszubeuten. Die Dampfkraft wurde bald danach den Fängen und der Beförderung derselben in das Inland dienstbar. Der Großbetrieb nahm einen ungeahnten Aufschwung; der Kleinbetrieb begann hart um die Existenz zu ringen.

Von jeher lieferten die Seefischereien den besten Teil der Besatzung von Kriegsschiffen. Sie sind für die Bemannung der Kriegsflotten noch wichtiger als früher, seit die Seeschiffahrt unter Segel verfiel. In allen Seestaaten der Erde wird daher die Wichtigkeit des Seefischereigewerbes in neuester Zeit in erhöhtem Maße anerkannt.

Von Bedeutung ist ferner der Umstand, daß das für die Ausgestaltung und Erhaltung der Seegeltung so wesentliche Gewerbe dem Volke ein billiges und gesundes Nahrungsmittel liefert, seit der Seefischtransport sich bis in das ferne Inland ohne Schwierigkeit bewirken läßt.

Harte und dauerhafte, im Gehorchen und Befehlen tüchtige, als Staatsbürger unbedingt zuverlässige Männer erzog von jeher besonders der Kleinbetrieb in der See- und Küstenfischerei. Der Fischer, der in seinem Kutter oder Ewer den schweren Stürmen der Nordsee Trotz bietet; oder der in offenem Boot von der Ostseeküste aus seewärts auf den Fang geht, bis er das Land aus Sicht verliert, ist der Mann, welcher in Zeiten von Not und Gefahr nicht versagt. Diesen durch und durch tüchtigen Stand nicht nur zu erhalten, sondern ihn zu heben, ist ein Bestreben, das in neuerer Zeit in allen modernen Kulturstaaten eintritt. Die Mittel und Wege dazu sind nicht so einfach, als es dem nicht Eingeweihten scheinen möchte.

Das Kleingewerbe muß in vielen Betrieben auf dem Lande zu maschinellen Hülfsmitteln greifen, um den Wettkampf mit dem Großbetrieb zu bestehen. Dieses Hülfsmittel ist die einfache Hülfsmaschine ohne Dampfkessel, der sogenannte „Motor". In der See- und Küstenfischerei ist seine Verwendung eine Lebensfrage für das Gewerbe. Ein Motor muß die Hülfsschraube des Kutters und die Schraube des offenen Fischerbootes treiben; er muß die Winden und Spille bewegen, mit denen die Fänge geborgen werden. Segel- und Menschenkraft allein genügen nicht mehr.

Aber mit der Einführung des Motors ist den Bedürfnissen auch noch nicht genügt. Er muß nämlich in Fahrzeugen und Booten von ganz außerordentlicher Seefähigkeit stehen. Geradezu unerklärlich ist die Tatsache, daß die Großtechnik der Konstruktion der Seefischereifahrzeuge und -Boote mit Gleichgültigkeit gegenübersteht, in einer Zeit, zu welcher der Bau von Kriegsschiffen, von Handelsschiffen und von Sportfahrzeugen einen großartigen Aufschwung nimmt. Gerade hier ist ein Gebiet, um technisches Können zu zeigen, denn die Konstruktion eines guten Fischkutters mit Hülfsmaschine ist vielleicht eins der schwersten aller schiff= und maschinenbautechnischen Probleme.

Erster Teil.

Fahrzeuge und Boote
ohne Hülfsmaschinen.

Die Anforderungen an Seefischereifahrzeuge und -Boote.

Fahrzeuge.

Unter Fahrzeugen verstehen wir: mit festem Deck versehene Ewer, Kutter, Schlupen und verwandte Typen. Wir kommen später darauf zurück.

Die Anforderungen an ein Fahrzeug lassen sich wie folgt formulieren:

1) Seefähigkeit, sodaß jeder Sturm in den nordeuropäischen Meeren ohne Gefahr bestanden werden kann.
2) Gute Segel- und Manövrierfähigkeit.
3) Bei Bünnfahrzeugen sanfte Schlinger- und Stampf-Bewegungen, sodaß die Fische in der Bünn nicht totgesegelt werden.
4) Hinreichende und gute Räume und Mittel für die Unterbringung und Bedienung der Fangvorrichtungen.
5) Hinreichende und gute Räume und Mittel für die Unterbringung und Erhaltung der Fänge.

Boote.

Unter Booten verstehen wir im allgemeinen ganz oder zum Teil offene Gefäße.

Die Anforderungen an Boote sind allgemein schwerer als bei Fahrzeugen zu formulieren, weil auf sie die örtlichen Verhältnisse von größerem Einfluß sind. Wir stellen sie wie folgt fest:

1) Möglichste Seefähigkeit, Geschwindigkeit und Manövrierfähigkeit.
2) Bauart der Örtlichkeit entsprechend derart, daß das Boot leicht in einem Hafen, in einer Flußmündung oder durch Auflaufen auf den Strand geborgen werden kann.
3) Gute Einrichtungen und Räume für die Fangvorrichtungen, sowie zum Transport und zur Erhaltung der Fänge.

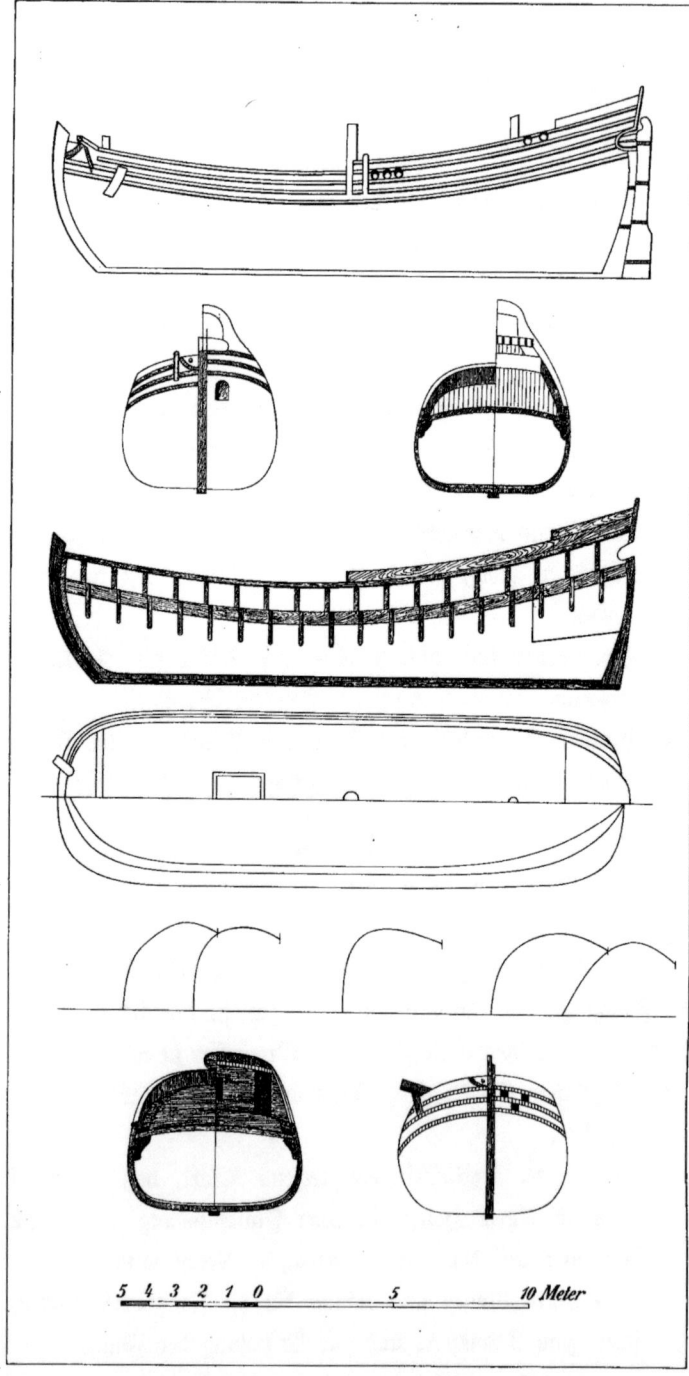

Figur 1. Huker und Buise.

Durch die Betriebsart bedingte Verschiedenheiten.

Von jeher waren und noch jetzt sind die Fahrzeuge in Bauart und Einrichtung verschieden, je nach der Art ihres Betriebes. Wir haben hier im ganzen zu unterscheiden:

1) Den mit dem Salzen der Fische auf See verbundenen Fangbetrieb.

2) Den Fangbetrieb ohne besondere Hülfsmittel zur Erhaltung der Fische.

3) Den mit dem Verpacken der Fische auf See in Eis verbundenen Fangbetrieb.

4) Den mit Lebendighalten der Fische bis zum Anlanden verbundenen Fangbetrieb.

Fahrzeuge für den Fang mit Salzung auf See.

Sieht man von der französischen Neufundland- und Islandfischerei, bei welcher der Kabeljau mit Angeln und anderem Gerät gefangen und an Bord gesalzen wird, sowie von einigen Ausnahmen ab, so handelt es sich hier hauptsächlich um die deutsche und niederländische „große Heringsfischerei".

Der in Figur 1 auf Seite 8 dargestellte Huker und die ebendaselbst dargestellte Buise waren die Fangschiffe der Niederländer und Deutschen bis in die zweite Hälfte des neunzehnten Jahrhunderts, also bis zu der Zeit, als in der Handelsmarine die Klipperschiffe die Ozeane durchquerten.

Huker hieß die eine Schiffsart, weil von ihr aus gelegentlich, wenn man nicht dem Heringsfang oblag, der Fisch, besonders der Kabeljau, mit dem Haken gefangen, gehukt wurde.

Figur 2. Heringslogger, Konstruktionszeichnung.

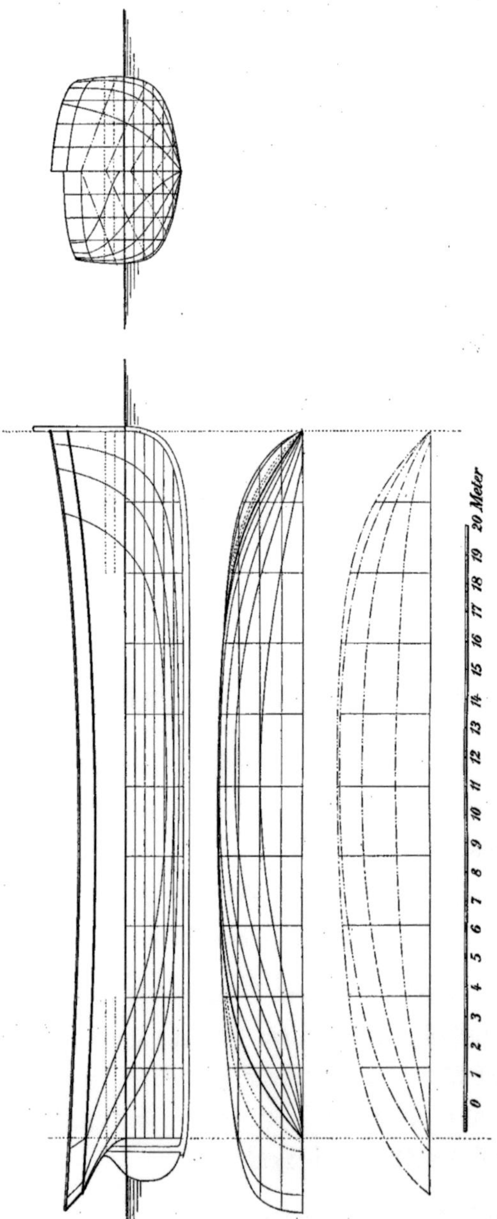

Buisen und Huker dienten hauptsächlich dem mit Salzen an Bord verbundenen Heringsfang, sie unterschieden sich nur dadurch von einander, daß die Huker an jeder Seite ein, die Buisen drei Heckfenster hatten.

Als diese Fahrzeuge auch den allerbescheidensten Anforderungen an die See- und Segelfähigkeit nicht mehr genügten, entstand aus dem aus Frankreich angekauften Lougre, deutsch Lugger, der Heringslogger. Dieser, der Treibnetzfischerei auf Hering in der Nordsee dienende Fahrzeugtypus führt den Namen Lugger oder Logger nicht mit Recht. Der Logger, ein Fahrzeug französischen Ursprungs, führte und führt noch an zwei oder drei Masten je ein Rutensegel. Diese Segel ersetzte man durch Gaffelsegel. Es sind im Laufe der Zeit viel Logger dieser Art in Deutschland gebaut, vielfach sind auch englische Smacks angekauft und als Logger verwendet. Der so entstandene Loggertypus ist in Figur 2 und 3 auf Seite 10 und 12 dargestellt. Von den in der Segelzeichnung angegebenen Klüvern wird entweder der große Klüver, oder der Mittelklüver, oder der Sturmklüver gesetzt. Ein spitzes Sturmgroßsegel und ein Dreikleidklüver sind in der Segelzeichnung fortgelassen.

Der Heringslogger liegt bekanntlich hinter der mehrere Seemeilen langen Netzfleet, welche wie ein Zaun im Wasser hängt, um den Hering zu fangen. Das von den Buisen und Hukern übernommene Verfahren, den Fockmast während des Fischens umzulegen, damit der Windfang vermindert werde, erweist sich nicht mehr immer als nötig.

Nachdem durch Einführung des französischen Modells für das Unterschiff die Linien der Heringsfangschiffe und damit ihre See- und Segelfähigkeit den Buisen und Hukern gegenüber wesentlich verbessert sind, erfüllen die vorhandenen Konstruktionen ihren Zweck.

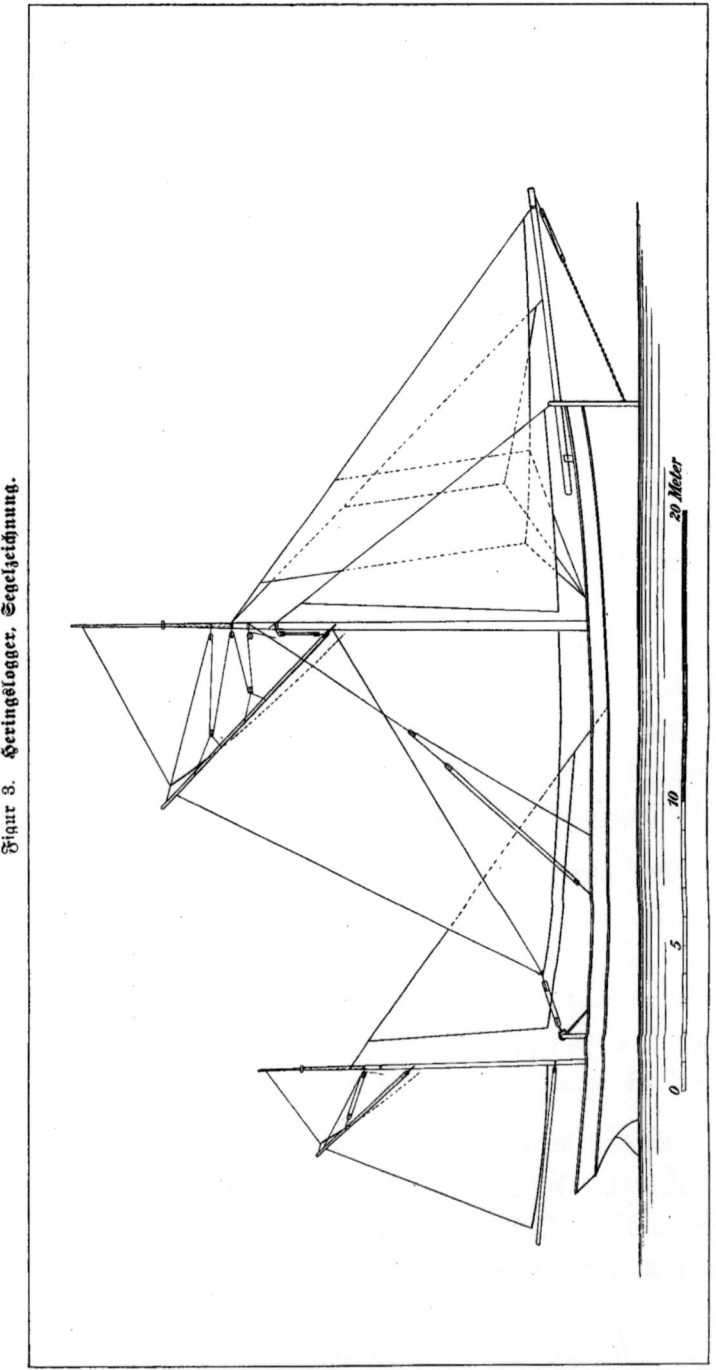

Figur 3. Heringslogger. Segelzeichnung.

Figur 4. Offenes Ostseeboot, schwedischer Typus. Konstruktionszeichnung.

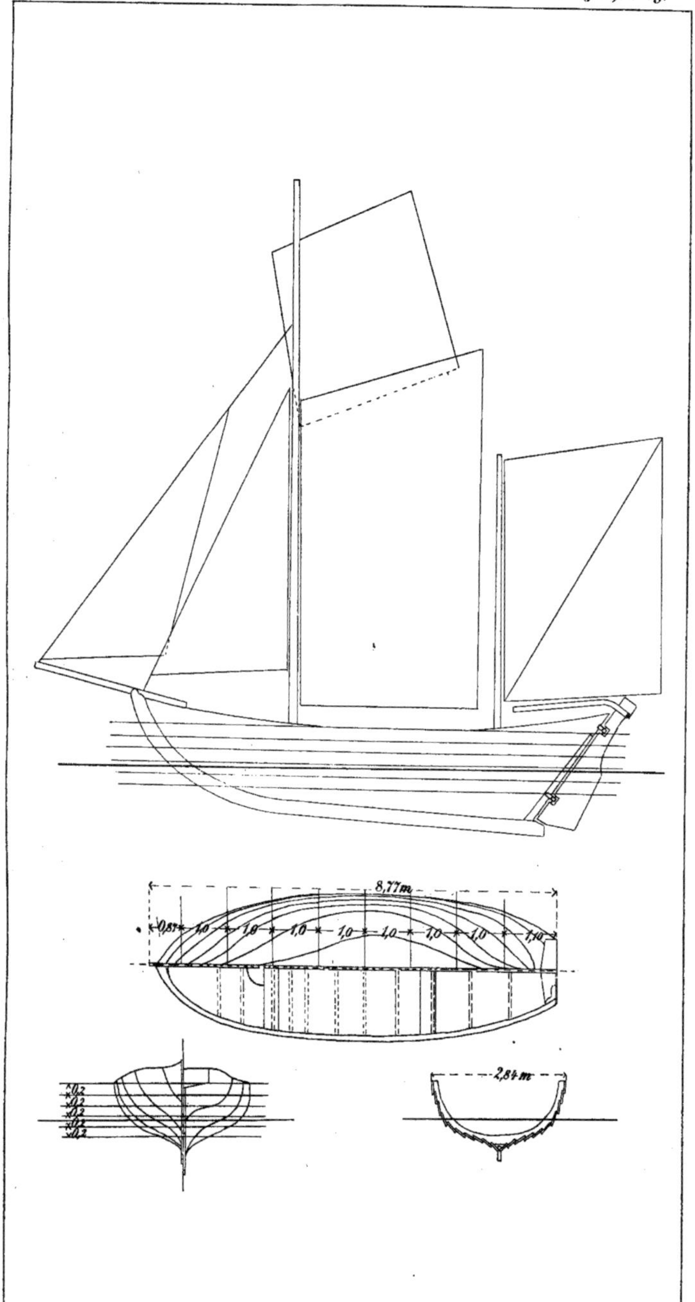

Figur 5. Ostseekutter. Konstruktionszeichnung.

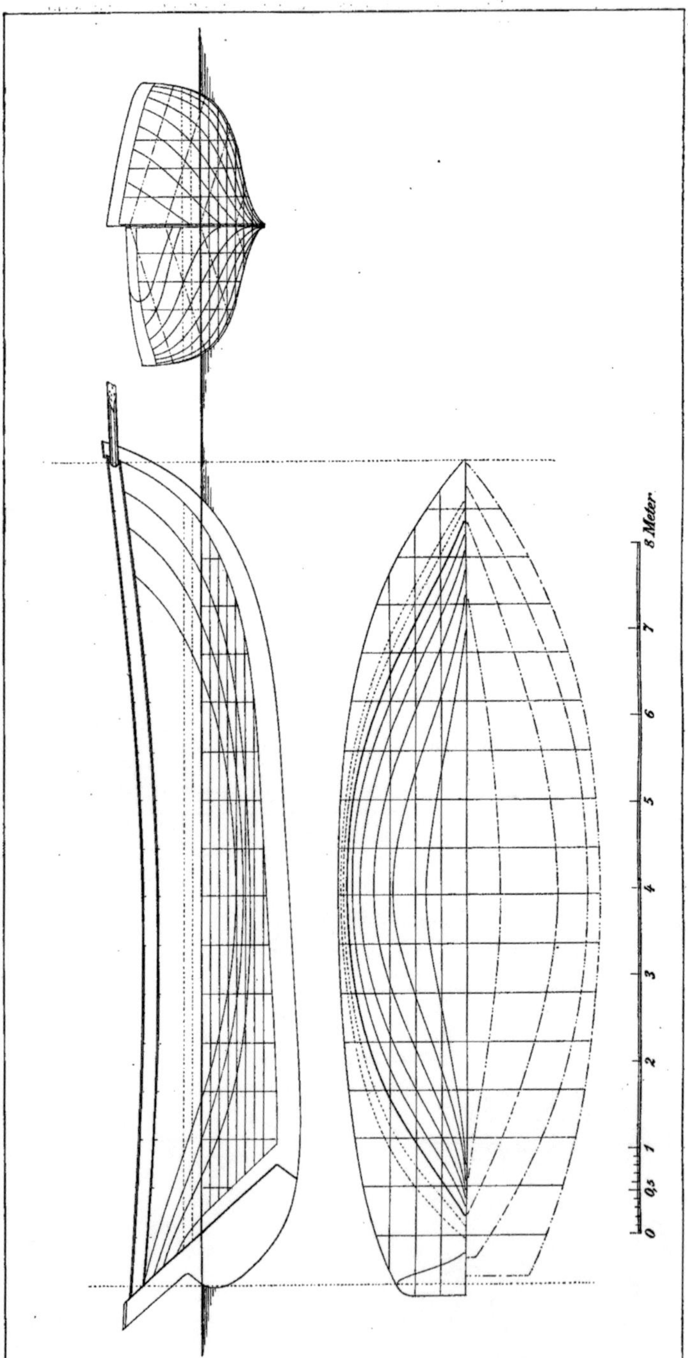

Fahrzeuge ohne besondere Hülfsmittel zur Erhaltung der Fische.

Zu den Fahrzeugen, welche den Fang weder gesalzen, noch in Eisverpackung, noch lebend an den Markt bringen, gehören die an der deutschen Ostseeküste zwischen der Dievenowmündung und Memel heimischen sogenannten Hochseekutter. Sie entstanden in folgender Weise: In der Zeit von 1880 bis 1885 wurde auf Veranlassung des Deutschen Seefischerei-Vereins, damals Sektion für Küsten- und Hochseefischerei, ein Bootstypus aus Blekingen in Schweden an der Küste von Hinterpommern eingeführt. Die „Blekingseka", so genannt wegen ihres Baues aus Eichenholz, war mit einem Raasegel getakelt. Man takelte sie um zu einem Boot mit zwei Sprietsegeln und zwei Vorsegeln. So entstand das in Figur 4 auf Seite 13 dargestellte Boot. Um die Fischer gegen die Unbilden der Witterung zu schützen und um die Seefähigkeit zu vermehren, deckte man den Typus. Gleichzeitig ging man zur Gaffeltakelung mit einem Mast über. Das Ergebnis war der in Figur 5 und 6 auf Seite 14 und 16 dargestellte Ostseekutter, auch Lachskutter genannt, weil er hauptsächlich zum Lachsfang mit Treibnetzen dient. Größe, Bauart, Verband und Takelage dieses Fahrzeugs reichen für die Befischung der hohen Ostsee nicht aus.

Dadurch entstand für den Deutschen Seefischerei-Verein die Notwendigkeit, für die Einführung größerer und seetüchtigerer Ostseekutter zu sorgen.

Boote.

Es wäre von großem Interesse, alle Fischerbootstypen der nordeuropäischen Küsten in einem Maßstab darzustellen und zu vergleichen. Das Ergebnis würde aber kein Material für notwendige neue Formen geben. Überall sind nämlich die Typen der engeren Örtlichkeit angepaßt.

Es ist fraglich, ob sich das halten läßt, und ob man nicht, wie in Dänemark, zu ganz neuen Formen kommt, wenn es sich darum handelt, den Motor einzuführen.

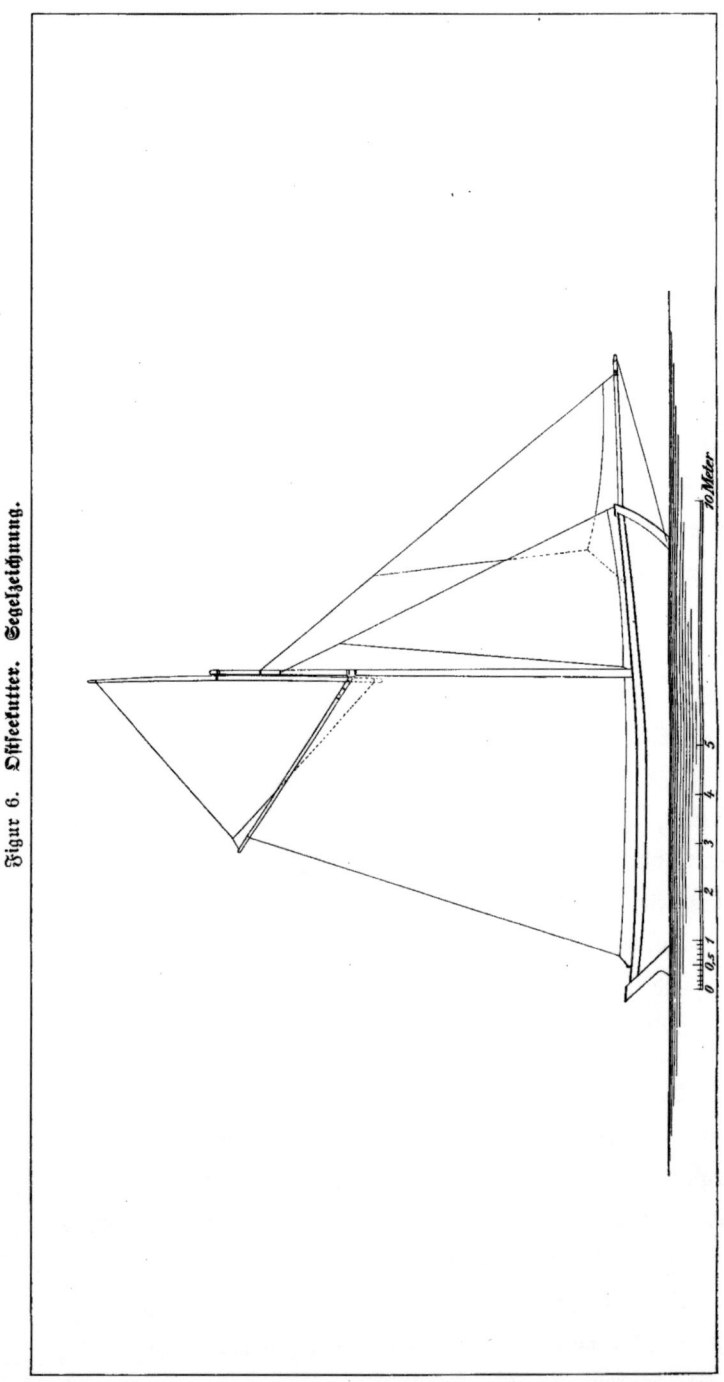

Figur 6. Ostseekutter. Segelzeichnung.

Figur 7. Norwegisches Fangboot alter Bauart.

Das vollendete Linien zeigende, in Figur 7 dargestellte, altnorwegische Fangboot wird dann vielleicht ebenso veralten, wie das in Figur 8 auf Seite 18 dargestellte Boot der hinterpommerschen und ostpreußischen Küste. Wenn unsere Fischer mit Booten dieser Art von Hinterpommern aus nach der über 20 Seemeilen nordwärts gelegenen Stolpe=Bank auf den Fang gehen, so geraten sie, bei den oft schnell aufkommenden Stürmen, leicht in Gefahr. Diese Boote nach dem Muster der Ostseekutter nachträglich mit einem Deck zu versehen, um ihre Seefähigkeit zu vermehren, wird kaum zu empfehlen sein.

Fahrzeuge, welche den Fang in Eis verpackt, oder lebend an den Markt bringen.

Hier ziehen wir in Betracht:
1) Den deutschen Ewer und den aus demselben entwickelten Kuttertypus.
2) Die englische Smack.
3) Den nordamerikanischen Schoner.
4) Den dänischen Hochseekutter.

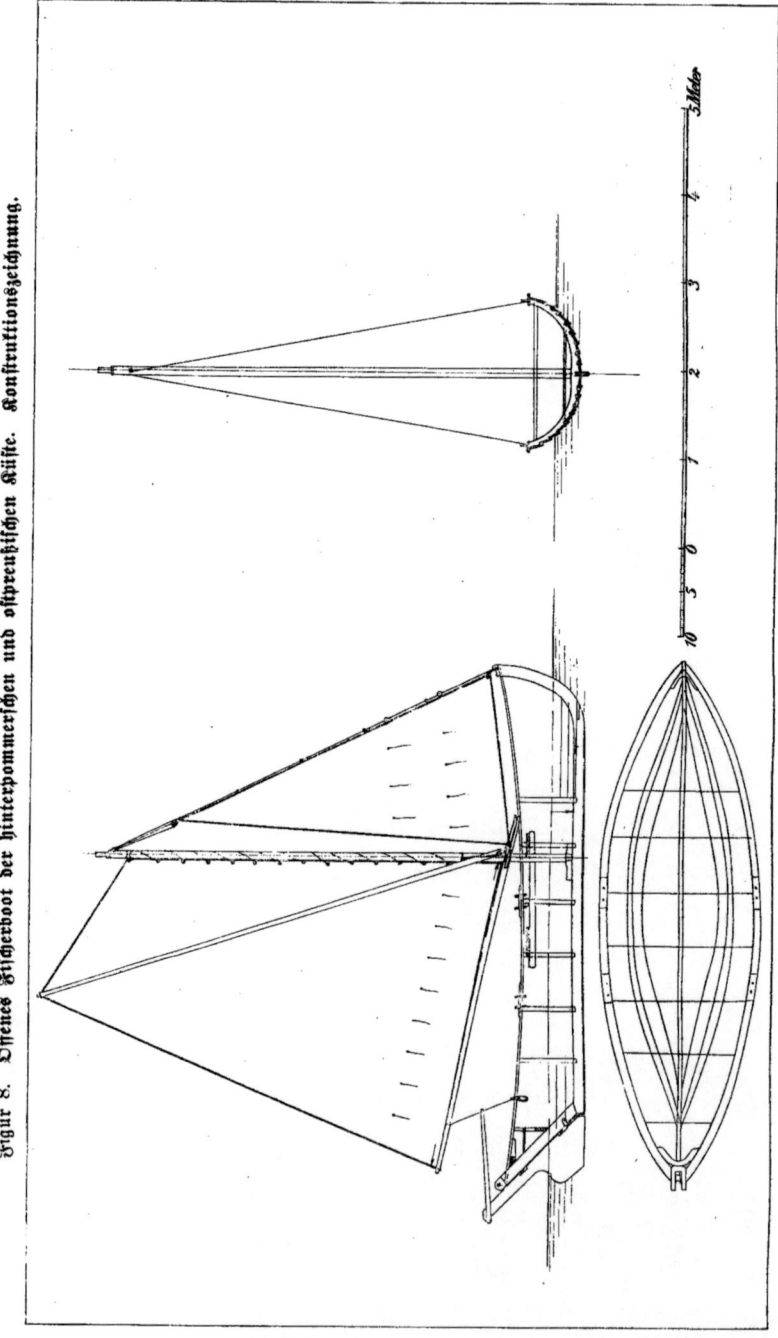

Figur 8. Offenes Fischerboot der hinterpommerschen und ostpreußischen Küste. Konstruktionszeichnung.

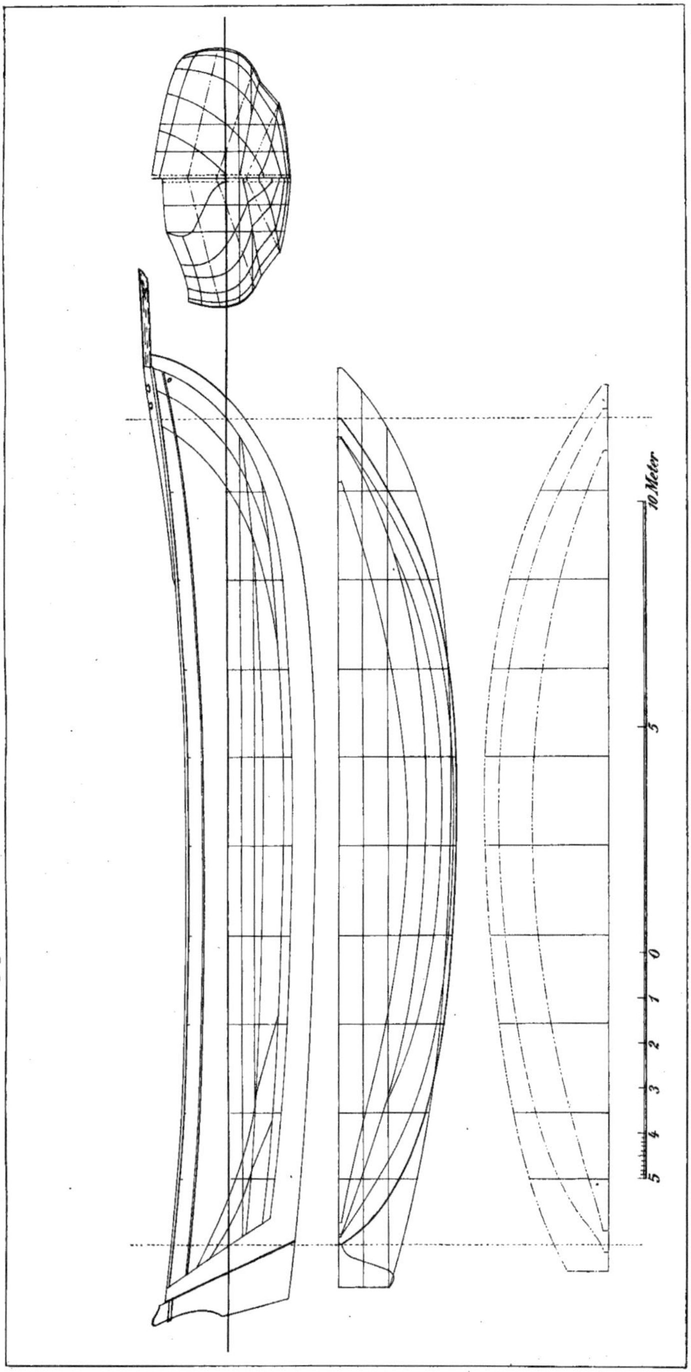

Figur 9. Finkenwärder Ewer „Maria". Konstruktionszeichnung.

Der deutsche Ewer
und der aus demselben entwickelte Kuttertypus.

Der Ewer, in Figur 9 und 13 auf Seite 19 und 25 dargestellt, ist ein plattbodiges Fahrzeug, eigentlich zum Fang auf der Unterelbe bestimmt. Der Übergang vom Ewer zum Kutter vollzog sich in einer großen Zahl von Variationen. Nachdem man den zuerst offenen Ewer gedeckt hatte, setzte man einen Kiel darunter. In Figur 10 auf Seite 22 ist eine noch frühere Übergangsform als die „Maria" im Nullspant dargestellt. Um die Unterfläche in der Bünn nicht zu verlieren, kam man von dem Ewer zu der in Figur 11 auf Seite 23 dargestellten Konstruktion. Die „Maria", welche noch Ewer heißt, ist von dem Kutter „Albatroß" nur durch die andere Form von Bug und Heck verschieden. Der in Figur 12 und 13 auf Seite 24 und 25 dargestellte Kutter „Louis und Emma" ist ein moderner unterelbischer Hochseekutter. Er unterscheidet sich im wesentlichen von „Albatroß" und „Maria" dadurch, daß der Knick aus dem Querschnitt beseitigt ist.

Da wir uns mit diesen drei Fahrzeugen in der Folge mehr zu beschäftigen haben, geben wir zunächst die nachstehenden Daten über ihre Abmessungen und Einrichtungen:

Lfd. Nr.	Bezeichnung der Abmessung oder Einrichtung	Ewer „Maria"	Kutter „Albatroß"	Kutter „Louis und Emma"	Bemerkungen.
1	Länge über Kiel . . .	15,00 m	17,63 m	17,63 m	
2	Höhe des Kiels von der Unterkante bis zur Außenkante der Beplankung:				Zu 2: Der Kiel ist bei „Maria" ähnlich wie bei „Albatroß", obgleich „Maria" in der Vorderbünn noch ein kleines Mittelschwert hat. Er ist etwa 0,25 m breit, hat also Abmessungen, welche ganz außer Verhältnis sind zu der Größe des Fahrzeuges. Die Ausbuchtung des Kiels nach der Mitte hin, welche sich aus der Angabe unter 2 b ergibt, hat offenbar den Zweck, die Drehfähigkeit zu vermehren. — Der Kiel von „Louis und Emma" ist auch sehr stark, hat aber nicht so übertriebene Abmessungen wie bei „Maria" und „Albatroß".
	a. Unter dem Vorsteven		0,16 „		
	b. 9 m hinter dem Vorsteven . . .		0,75 „		
	c. Unter dem Hintersteven		0,60 „		

Lfd. Nr.	Bezeichnung der Abmessung oder Einrichtung	Ewer „Maria"	Kutter „Albatroß"	Kutter „Louis und Emma"	Bemerkungen.
3	Länge über Deck zwischen den Steven . . .	18,68 m	18,45 m	18,38 m	
4	Größte Breite . . .	5,40 „	5,52 „	6,23 „	
5	Raumtiefe	1,89 „	2,04 „	2,22 „	
6	Tiefgang:				
	a. vorne	1,20 „	1,00 „	1,50 „	
	b. hinten	1,70 „	2,10 „	2,27 „	
7	Länge der Bünn . .	5,70 „	6,25 „	6,45 „	
8	Höhe der Bünnschotten:				Zu 8: Die Bünn ist durch zwei Querschotten in drei Teile geteilt. Durch lose Einsatzstücke wird diese Teilung bis in den Schornstein hinein fortgesetzt.
	a. vorne	0,60 „	0,59 „	1,14 „	
	b. hinten	0,70 „	0,62 „	1,10 „	
9	Dicke der Bünnschotten	0,28 „	0,29 „	0,28 „	
10	Länge des Bünnschornsteins (Bünnkiste) . .	4,00 „	4,45 „	4,27 „	
11	Breite des Bünnschornsteins, oben: a. vorne	0,98 „	1,13 „	1,24 „	
	b. hinten	0,98 „	0,97 „	1,19 „	
12	Höhe des Bünnschornsteins bis zur Oberkante der Klappe . .	1,20 „	1,43 „	1,26 „	
13	Länge des Großluk .	3,74 „	3,75 „	4,27 „	
14	Breite des Großluk:				
	a. vorne	2,78 „	2,65 „	2,82 „	
	b. hinten	2,49 „	2,24 „	2,59 „	
15	Bruttogröße	95,9 cbm	116,0 cbm	114,8 cbm	Zu 15: Von der Bruttogröße ist die Bünn ausgeschlossen. Infolgedessen gibt die vermessene Größe kein klares Bild von der Gesamtgröße der Fahrzeuge.
16	Nettogröße	81,5 „	102,6 „	83,3 „	
17	Ballast, bestehend in Cement und Steinen, die zwischen der Vorkante der Bünn und dem Bug zwischen die Inhölzer eingegossen sind . .		800 kg	3000 kg	
18	Eiskiste oder Eisraum:				Zu 18: Es werden bis zu 3000 kg Eis an Bord genommen. Der Eisraum von „Louis und Emma" ist später geändert, was hier außer Betracht bleibt.
	a. Länge	2,70 m	2,70 m	2,58 m	
	b. Breite	1,10 „	1,15 „	1,20 „	
	c. Höhe	1,40 „	1,75 „	1,32 „	

In der Segelzeichnung von „Louis und Emma", untere Darstellung in Figur 13 auf Seite 25, befinden sich alle Klüver, welche

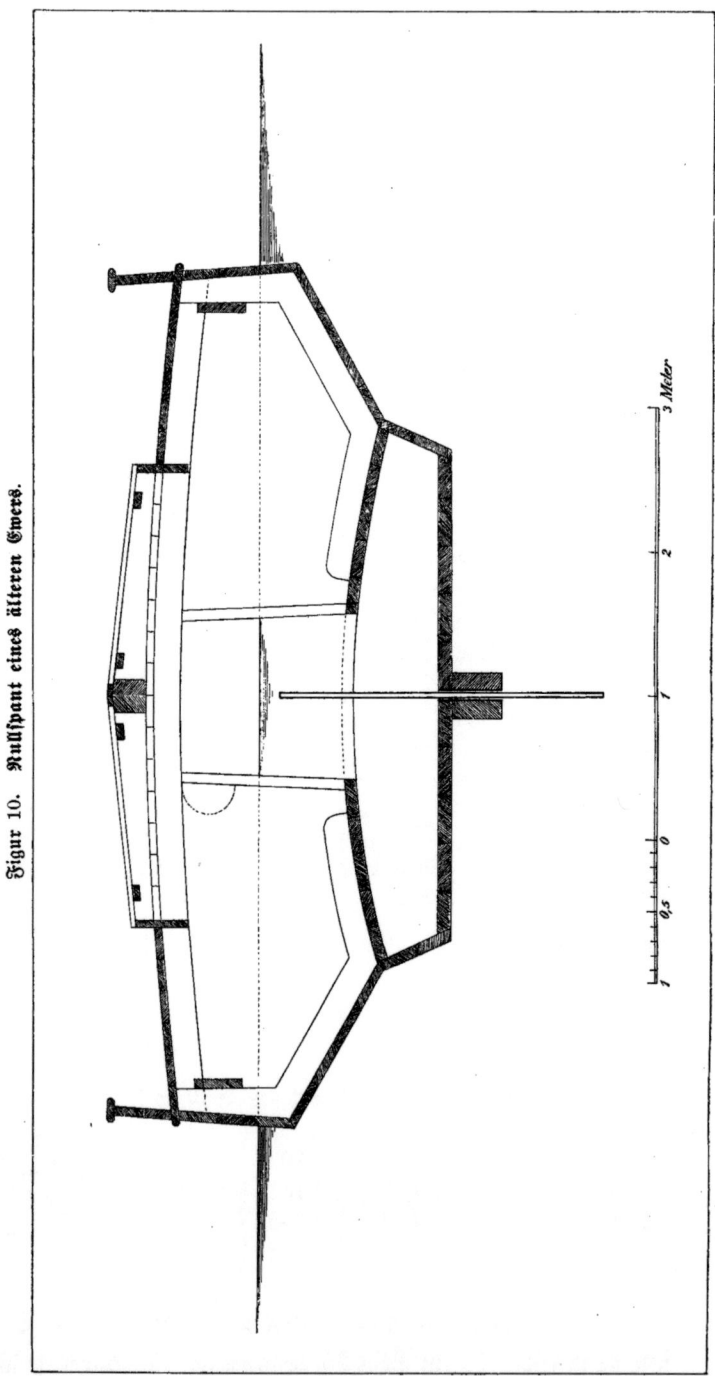

Figur 10. Rustspant eines älteren Ewers.

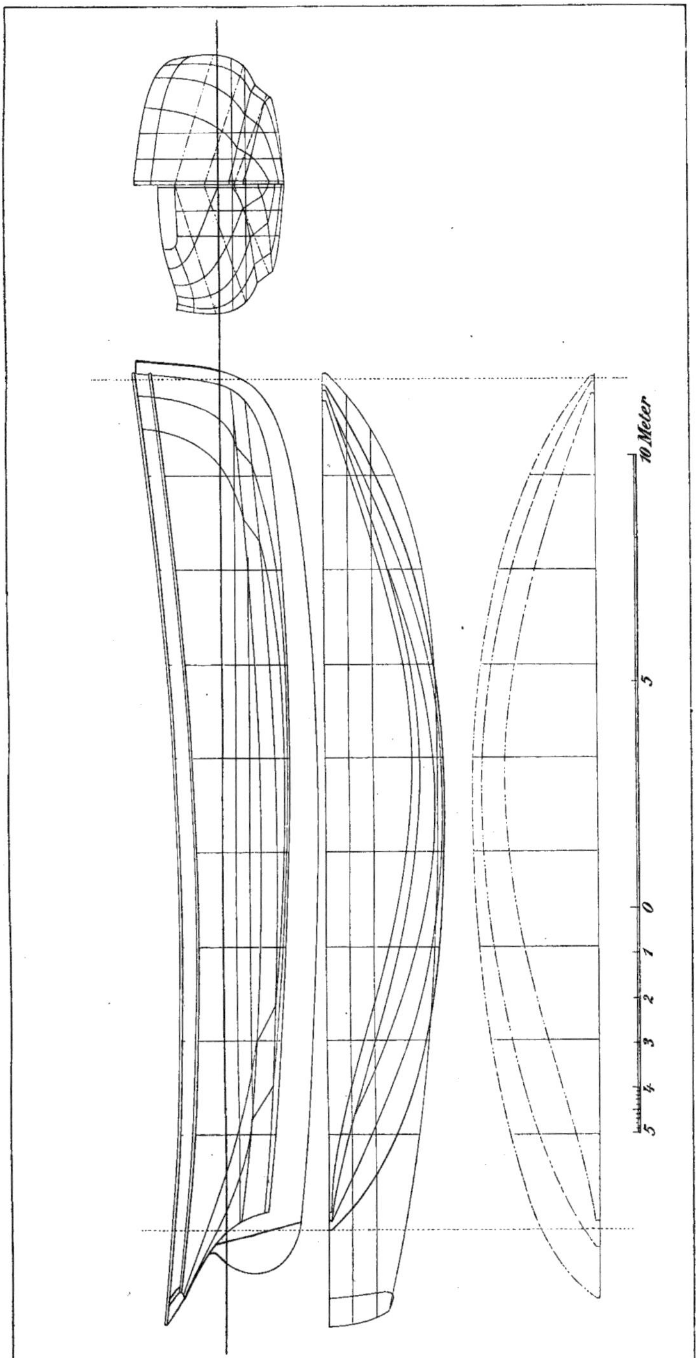

Figur 11. Finkenwärder Kutter „Albatroß". Konstruktionszeichnung.

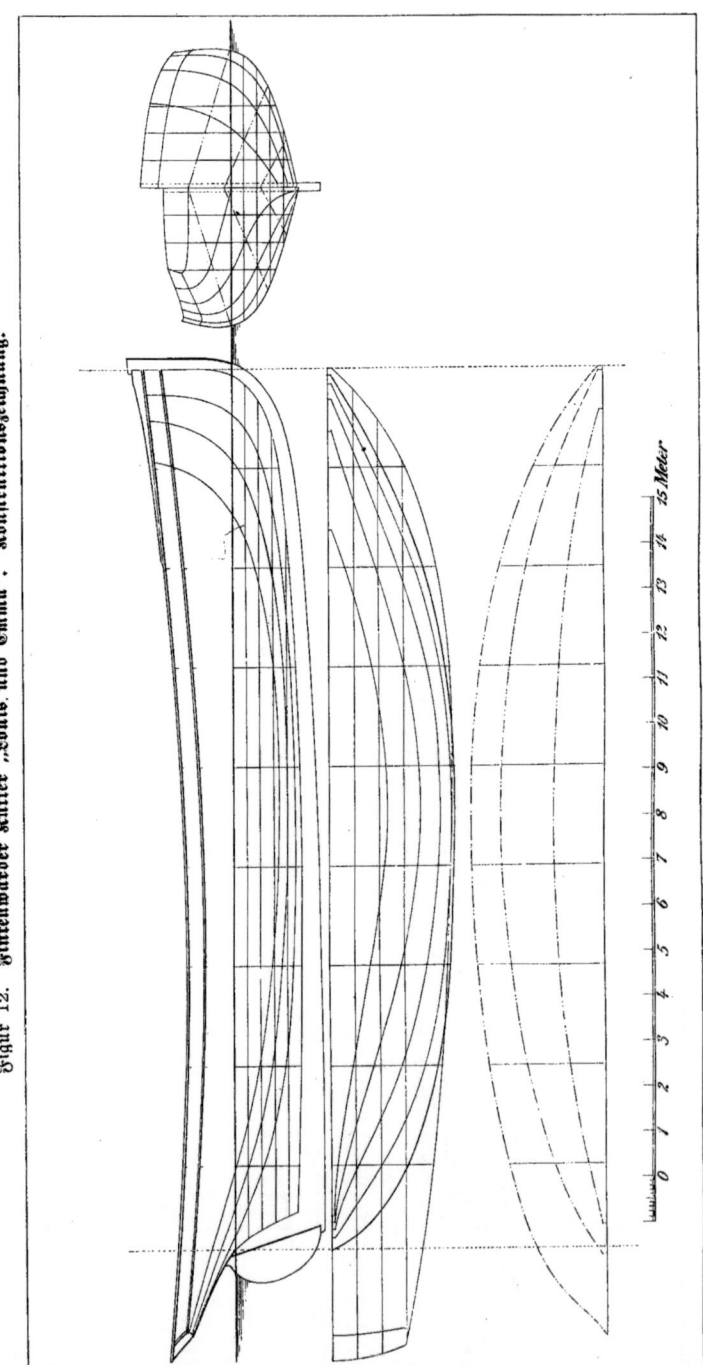

Figur 12. Finkenwärder Kutter „Louis und Emma". Konstruktionszeichnung.

Figur 13. Finkenwärder Ewer „Maria" und Finkenwärder Kutter „Louis und Emma". Segelzeichnung.

Figur 14. Nordamerikanischer Schoner „Tecumseh". Konstruktionszeichnung.

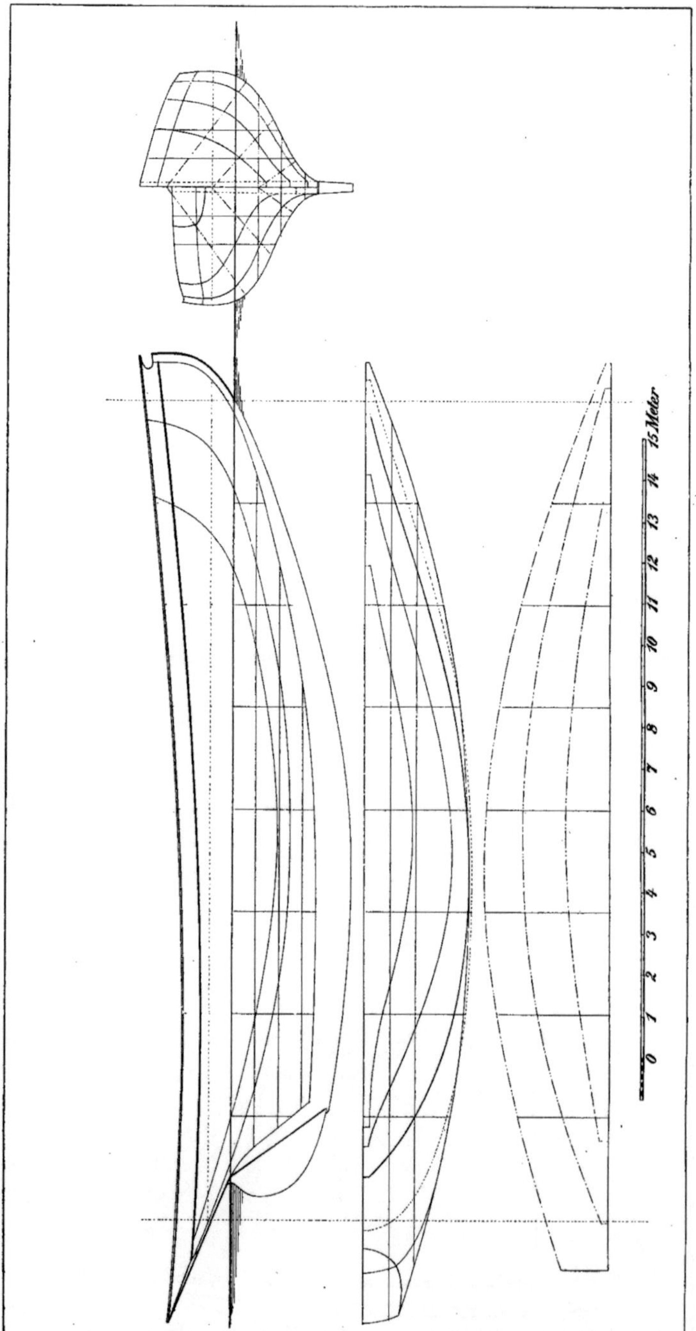

die unterelbischen Ewer und Kutter fahren; nämlich der Größe nach: Großer Klüver, Mittelklüver, Fischklüver und Sturmklüver. Je nach dem Wetter, kann nur einer dieser Klüver gesetzt werden. Außer den in den Zeichnungen befindlichen Segeln führen die Fahrzeuge noch ein dreieckiges Sturmgroßsegel und eine Sturmstagfock. Das Sturmgroßsegel wird an dem Mast festgereiht. Die Schot wird auf dem Großbaum ausgeholt. Hat man kein besonderes Sturmgroßsegel an Bord, so setzt man eine Stagfock als Sturmgroßsegel.

Die Segel haben folgende Tuchstärken:

Großsegel und Stagfock . . . . Nr. 0
Sturmgroßsegel und Sturmstagfock . . . . „ 1
Besan, Fischklüver und Sturmklüver . . . . „ 2
Mittelklüver und Großgaffeltoppsegel . . . . „ 3
Großer Klüver und Besansgaffeltoppsegel . . . . Bramtuch.

Die englische Smack.

Die englische Smack ist ein Fahrzeug mit losem Bugspriet und Gaffelsegeln. Sie kann im übrigen einen Mast oder zwei haben. Es gibt demnach Kutter-Smacks, Ketch-Smacks, Yawl-Smacks u. s. w.

Diejenigen Smacks, welche mit dem Grundschleppnetz fangen, sind in der Regel ohne Bünn; sie legen alle Fänge in Eis.

Die auf den Angelfang gehenden Smacks bringen die Fische lebend an den Markt und sind deshalb mit Bünn versehen.

Ein einheitlicher Smack-Typus hat sich in England nicht herausgebildet — Form, Größe und Tiefe der Fahrzeuge ist verschieden. Viele haben gute Seefähigkeit, wie aus dem Umstande hervorgeht, daß manche in Deutschland angekauft und zu Heringsloggern umgebaut wurden.

Der nordamerikanische Schoner.

Vorbildlich für die Verbesserung der Form von Seefischereifahrzeugen sind vielfach die Nordamerikaner gewesen. In England und Frankreich hat man mit Fahrzeugen nach nordamerikanischem Muster Versuche gemacht. Eingebürgert haben sich dort nordamerikanische Typen aber nicht. Dieselben sind übrigens an Größe

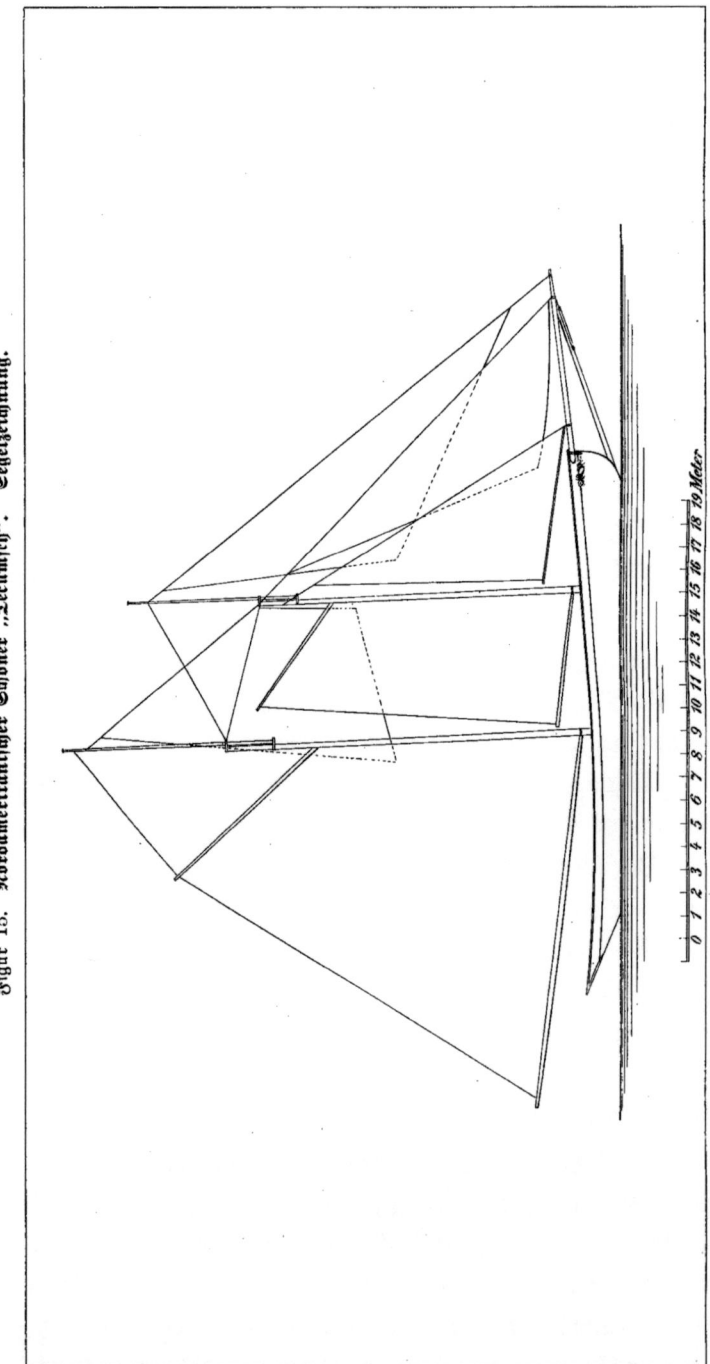

Figur 15. Nordamerikanischer Schoner „Tecumseh". Segelzeichnung.

Figur 16. Dänischer Hochseekutter von 40 Registertons Bruttogröße. Konstruktionszeichnung.

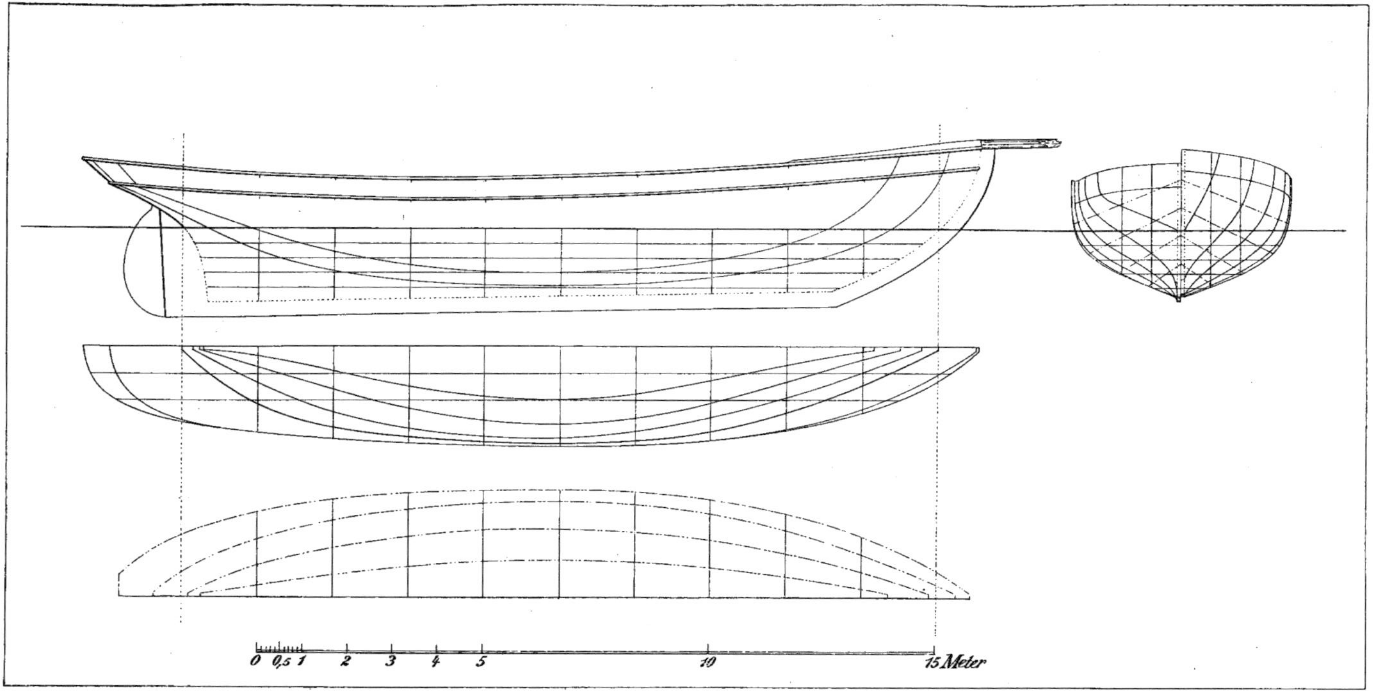

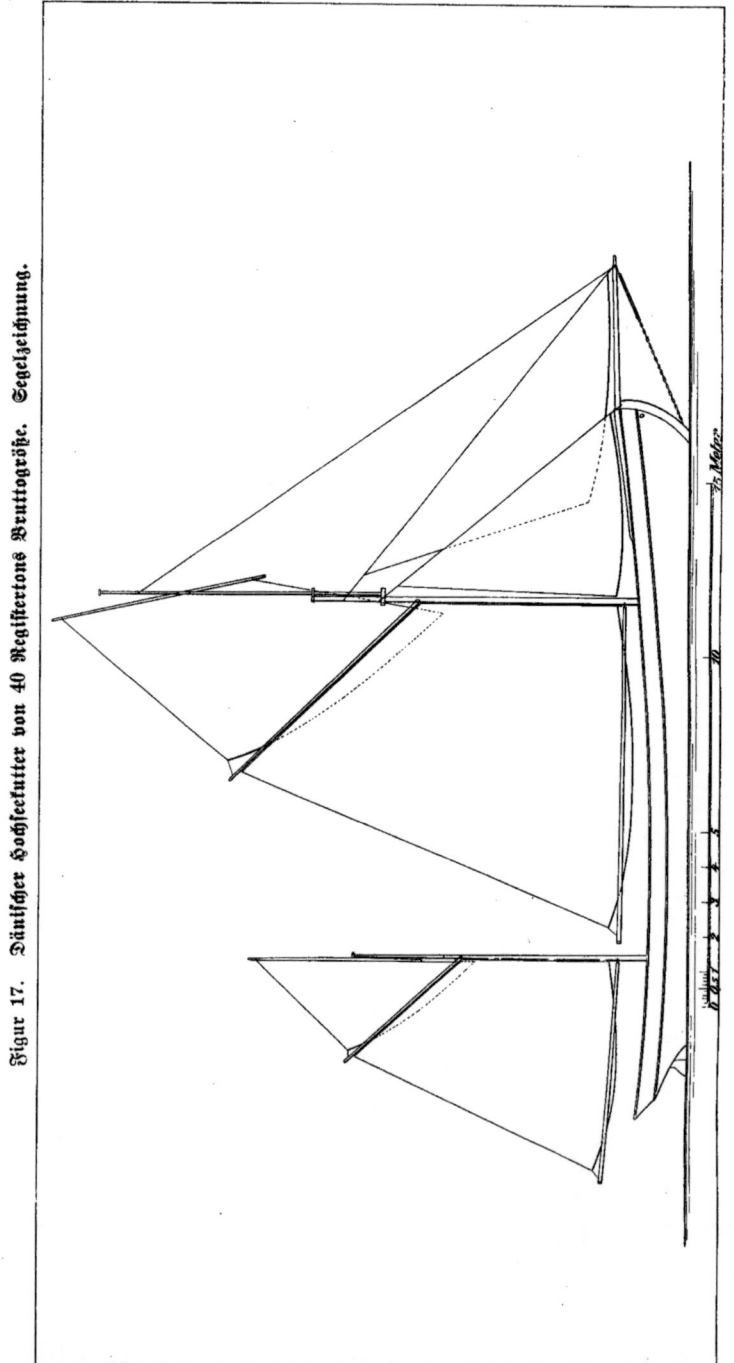

Figur 17. Dänischer Hochseekutter von 40 Registertons Bruttogröße. Segelzeichnung.

und Form sehr verschieden. Fast immer findet man gut segelnde und tief gehende Formen, wie in dem in Figur 14 und 15 auf Seite 26 und 28 dargestellten Schoner „Tecumseh".

Der dänische Hochseekutter.

In Figur 16 und 17 auf Seite 29 und 30 ist ein dänischer Hochseekutter dargestellt. Mit dieser Art von Fahrzeugen wird von Frederikshavn am Kattegat und von Esbjerg an der Nordsee, sowie von anderen dänischen Häfen aus der Plattfischfang mit der Snurrwade (Drehwade) im Kattegat, Skagerrak und in der östlichen Nordsee betrieben. Schnell und glänzend hat sich dieser Betrieb entwickelt. — Noch im Jahre 1880 gab es von Dänemark aus so gut wie keine Hochseefischerei. Damals baute man den ersten Hochseekutter. Man gab ihm eine kleine Bünn hinten und einen großen Laderaum vorne. Die Bünn diente zur Aufnahme lebender Schollen; der Laderaum zur Unterbringung von gesalzenem Dorsch. Es wurde nämlich sowohl Schollenfang, als auch Dorschfang betrieben. Bald zeigte sich, daß dieser doppelte Betrieb in so kleinen Fahrzeugen schwer war. Da der Schollenfang bei weitem am besten lohnte, ließ man den Raum für Salzung eingehen und vergrößerte die Bünn. So entstand der in Figur 16 und 17 auf Seite 29 und 30 dargestellte Typus. Die Fahrzeuge sind 20 bis 40 Registertons englisch brutto groß.

Da die Bünn in diesen Fahrzeugen sehr viel Raum einnimmt, bleibt für die Unterbringung von Ballast wenig Platz. Man legt ihn daher unter die Bünn und rechnet 150 kg für jede Registerton der Bruttogröße des Kutters.

Wir kommen auf die Beballastung noch zurück.

Der bekannte norwegische Schiffbauer Colin Archer*) empfiehlt bei einem ähnlichen Typus die Verlegung des Ballasts in den Kiel. Er verlangt für einen Fischkutter von 13,43 m Länge über Deck, 4,24 m größter Breite, und 1,86 m Tiefgang mit Ballast einen Eisenkiel von 3000 kg.

---

*) Entwurf eines Fischkutters für Nordland und Finmarken von Colin Archer Norwegische Fischerei-Zeitung, Jahrgang 1895, Heft 3, Seite 332 und 333.

Figur 18. **Ein flaches, breites und ein tiefes, schmales Schiff in verschiedenen Neigungslagen.**

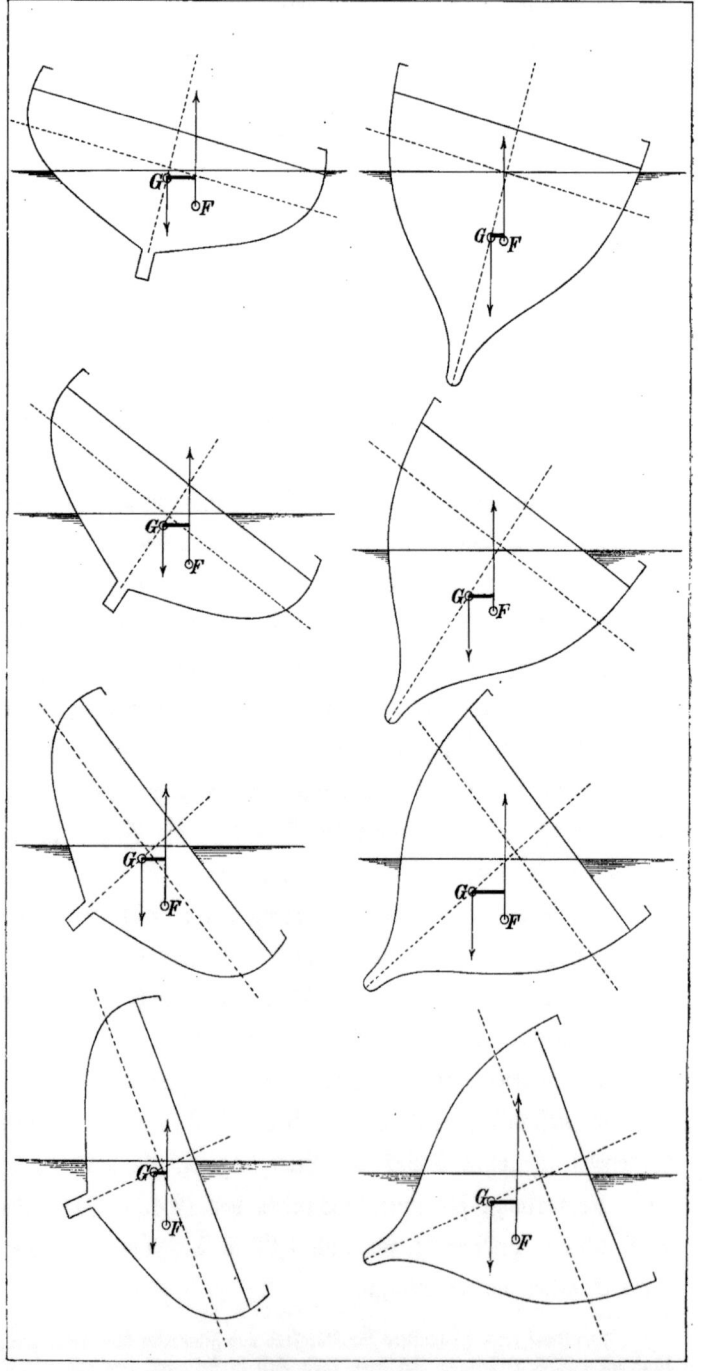

Die Stabilität.

Die Mehrzahl aller Schiffskonstruktionen ist durch Anlehnung an die Erfahrung zu stande gekommen, denn es erwies sich bisher nicht als möglich, auf rein wissenschaftlichem Wege ein brauchbares Schiff zu konstruieren.*) Die Vorsicht gebietet daher, daß man sich bei neuen Entwürfen nicht zu weit vorwagt.

Die Querstabilität oder Steifheit und die Seefähigkeit hängen naturgemäß von der Form des Querschnittes ab. Die Steifheit, welche ein Schiff bei kleinen Neigungen hat, gibt nicht immer einen Anhalt für seine Steifheit bei größeren Neigungen. Dies ergibt sich aus folgender Betrachtung. Auf ein Schiff, das übergeneigt wird, wirken drei Kräfte. Nämlich:

a. das Eigengewicht des Schiffes;
b. der Auftrieb der von dem Schiffskörper verdrängten Wassermasse;
c. die Kraft, welche die Neigung hervorbringt, z. B. der Winddruck auf die Segel.

In Figur 18 auf Seite 32 ist G der Systemschwerpunkt, oder der Punkt, in welchem man sich das Gewicht des Schiffskörpers mit Ausrüstung und Ladung vereinigt denkt. F ist der Deplacementsschwerpunkt, oder der Schwerpunkt des von dem Schiffe verdrängten Wassers. Das aufrichtende Moment ist das Gewicht des Schiffes multipliziert mit dem Hebelarm von G. Der Hebelarm von G ist gleich dem Abstand des Systemschwerpunktes G von der durch den Deplacementsschwerpunkt F gehenden Senkrechten. Ist der Hebelarm von G groß, so ist die Steifheit groß, und umgekehrt. Aus der Figur 18 auf Seite 32 ergibt sich danach das Folgende:

1) Der Hebelarm von G ist für das flache, breite Schiff am größten bei einer Neigung von 15 Grad. Darüber hinaus nimmt er erst langsam, dann schnell ab.

---

*) F. L. **Middendorf**: „Bemastung und Takelung der Schiffe", Seite 23. Berlin. 1903. Julius Springer.

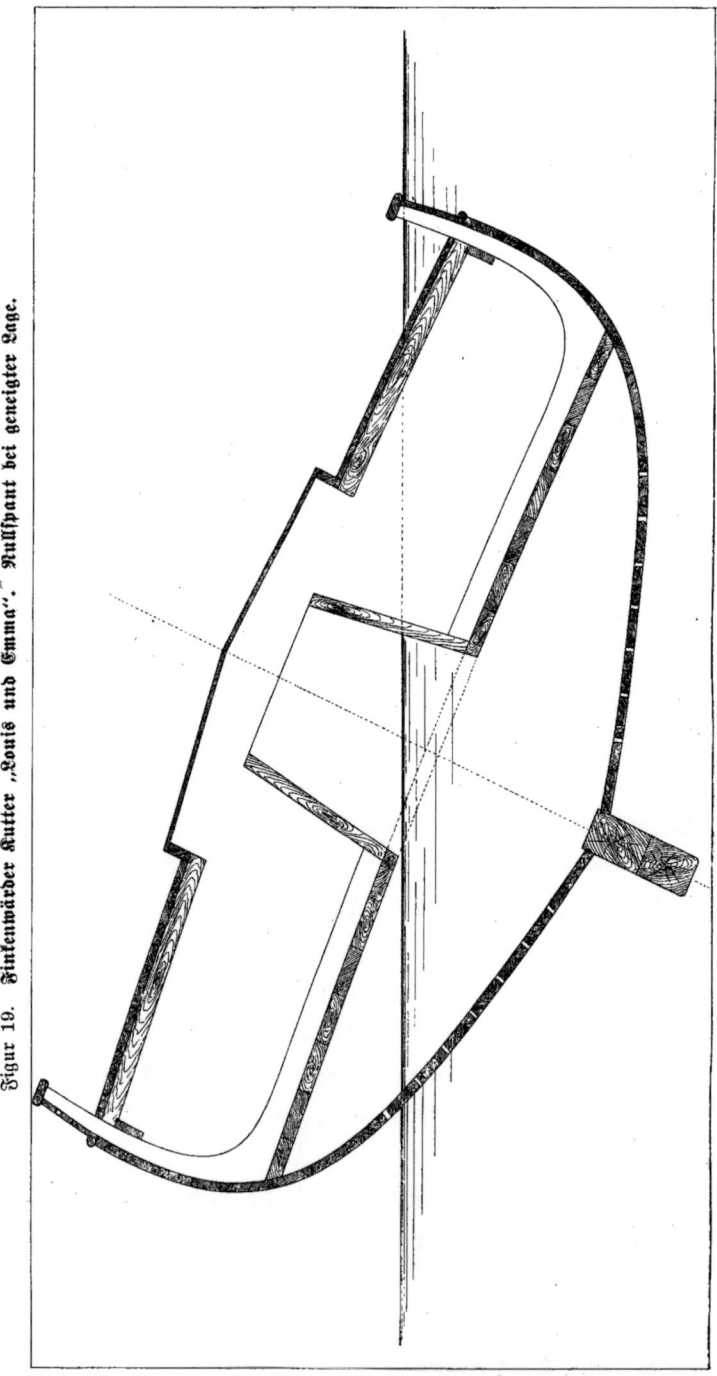

Figur 19. Finkenwärder Kutter „Louis und Emma". Rumpfspant bei geneigter Lage.

2) Im Gegensatz zu dem flachen, breiten Schiff nimmt bei dem tiefen, schmalen Schiff der Hebelsarm von G bis zu einer Neigung von 50 Grad stetig zu und erst dann langsam ab, sodaß er bei der dargestellten größten Neigung nur wenig vermindert ist. Das tiefe, schmale Schiff hat also eine große Steifheit bei großen Neigungswinkeln.

3) Das flache, breite Schiff kentert demnach bei kleinerem Neigungswinkel, als das tiefe, schmale Schiff.

4) Bei Seegang hat das flache, breite Schiff eine für den Angriff der See unvorteilhafte Form. Die Luvseite des Schiffes liegt nämlich bei großen Neigungen fast senkrecht. Sie bietet dem Angriff des Seeschlages daher eine Fläche dar, auf die er mehr wirkt, als auf die geschwungene und mehr wagerecht verlaufende Form des tiefen, schmalen Schiffes. Durch diesen Umstand wird die Steifheit des flachen, breiten Schiffes fernerhin kleiner, als die des tiefen, schmalen.

Das Metazentrum liegt dort, wo die durch den Deplacementsschwerpunkt F gehende Senkrechte eine durch die Mitte von Kiel und Masten gehende Linie schneidet. Fällt dieser Schnittpunkt unter den Systemschwerpunkt, so muß das Schiff kentern. Aus der Höhe des Metazentrums und aus dem Umfange der Steifheit erhält man in der Regel ein Bild von den Seeeigenschaften eines Schiffes. Dabei versteht man unter Umfang der Steifheit den Bereich der Neigung, innerhalb dessen dem Schiff das Bestreben innewohnt, sich von selbst wieder aufzurichten, sobald die überneigende Kraft zu wirken aufhört.

Das mit Bünn, dem durchlöcherten Fischbehälter, versehene Schiff schwimmt für einen Teil seiner Länge auf dem Bünndeck. Auf diesen Teil wirken die Kräfte so, als ob das Schiff erheblich geringeren Tiefgang hätte. Für den deutschen Kutter „Louis und Emma" beträgt der Unterschied 0,5 m. Dieser Teil kann also so angesehen werden, als ob das Schiff flacher wäre, wie es nach seinen äußeren Umrissen ist. Hieraus folgt, daß ein Schiff ohne Bünn bei großen Neigungswinkeln steifer ist, als ein Schiff mit Bünn.

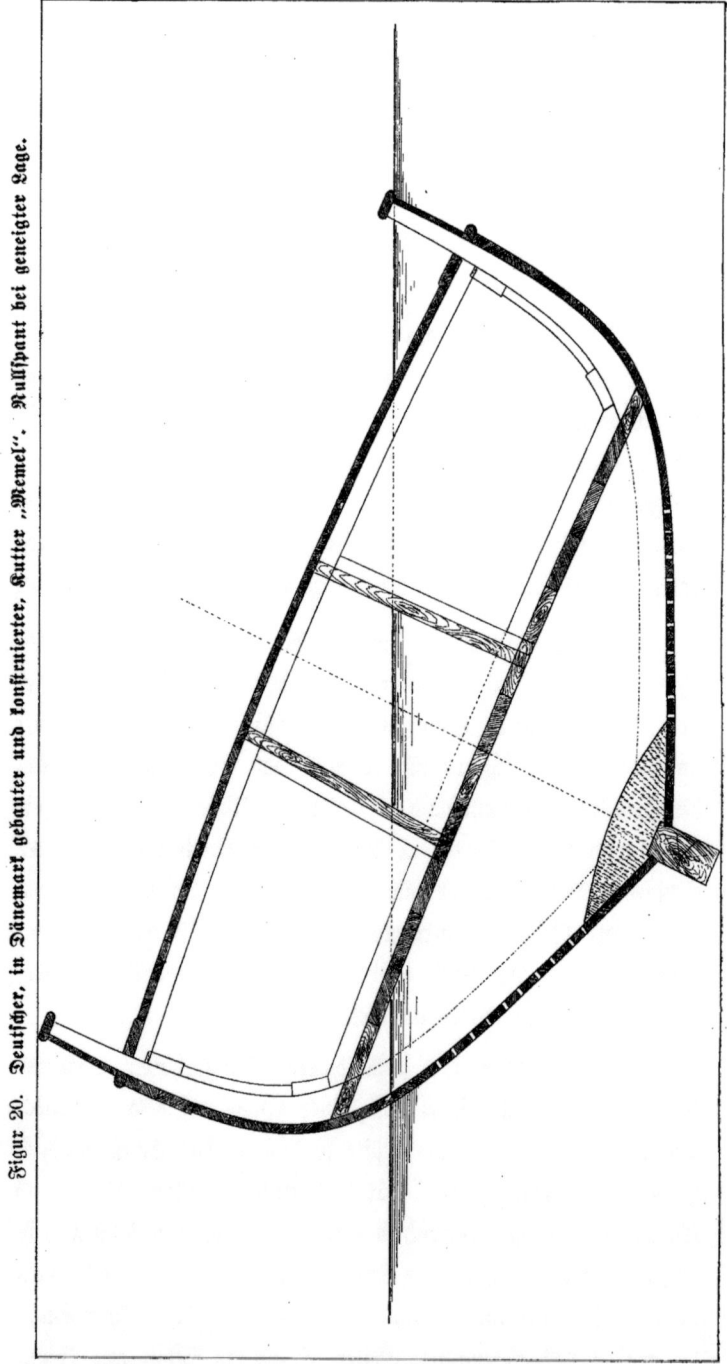

Figur 20. Deutscher, in Dänemark gebauter und konstruierter Kutter „Memel". Nullspant bei geneigter Lage.

In Figur 19 auf Seite 34 ist das Nullspant des deutschen Kutters „Louis und Emma", in Figur 20 auf Seite 36 ist das Nullspant des deutschen, in Frederikshavn gebauten und konstruierten, Kutters „Memel", beide mit Bünn in gleichgeneigter Lage, dargestellt. Aus den Figuren 19 und 20 und aus den vorausgegangenen Ausführungen über die Steifheit ergibt sich das Folgende:

a. Der verhältnismäßig tiefe und schmale „Memel" ist bei großen Neigungswinkeln steifer, als der flache und breite „Louis und Emma".

b. Bei gegebener Neigungsgröße kommt das Luvbünndeck von „Louis und Emma" weit mehr aus dem Wasser, als bei „Memel". Bei der in den beiden Figuren dargestellten Neigung liegt die oberste Lochreihe der Bünn von „Louis und Emma" über Wasser. Infolgedessen bringt Luft in die Bünn. Dies bewirkt, daß „Louis und Emma" sich im Seegang schwerer aufrichtet, weil das Schiff sich nur aufrichten kann, nachdem die unter dem Bünndeck eingeschlossene Luft heruntergedrückt und durch den Bünnschornstein entwichen ist. Bei „Memel" bleibt die oberste Lochreihe der Bünn unter Wasser. Bei ihm kommt keine Luft in die Bünn, er richtet sich im Seegang also leichter auf.

c. „Memel" hat 7500 kg Ballast unter der Bünn, „Louis und Emma" hat 3000 kg vor der Bünn. Dadurch wird „Memel" steifer, weil sein Systemschwerpunkt niedriger liegt.

Außerdem haben noch andere Faktoren Einfluß auf die Steifheit; besonders die Größe und Höhe der Besegelung.

Dem Führer eines mit Bünn versehenen flachen Kutters oder eines Ewers kann man nur dringend empfehlen, bei schlechtem Wetter und schwerer See sehr vorsichtig zu hantieren und mit größter Vorsicht Segel zu führen.

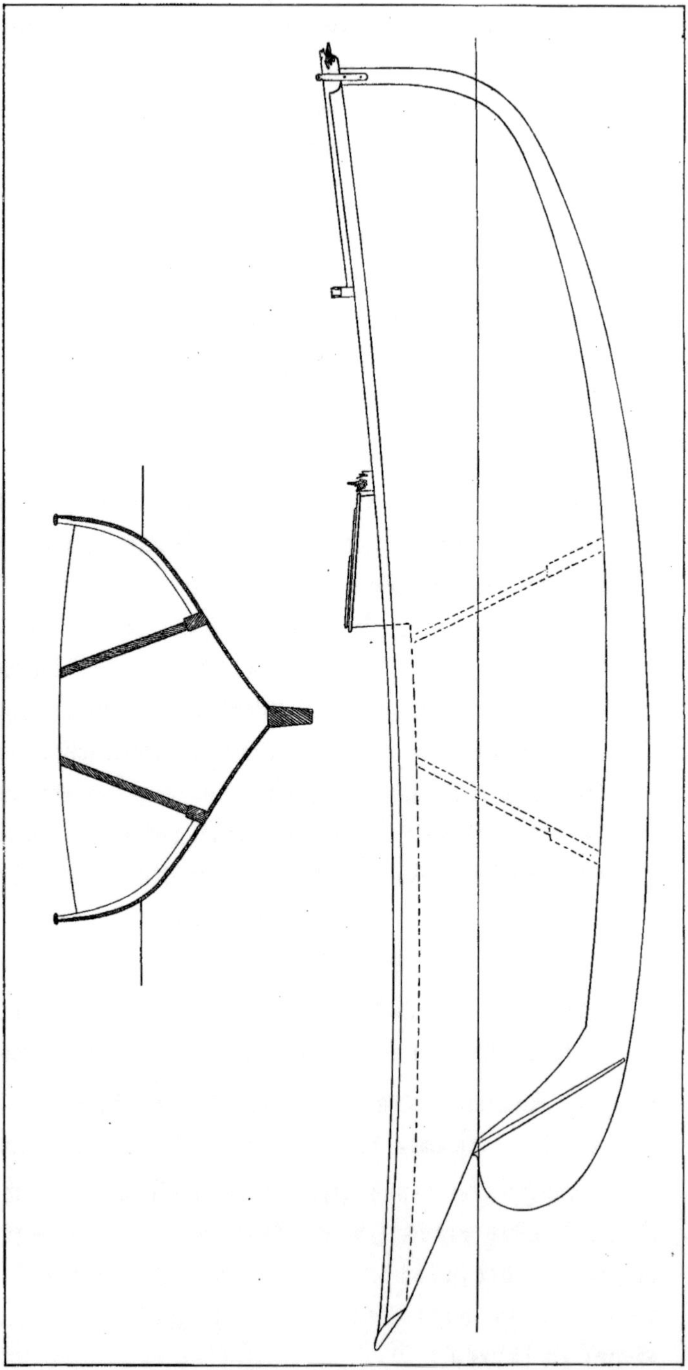

Figur 21. Kastenbinn eines nordamerikanischen Kutters.

Unter den 150 von Frederikshavn aus fangenden dänischen Kuttern ist bis jetzt keiner auf hoher See geblieben. Ebenso blieb von den Kuttern, welche von Frederikshavn aus bei Island fangen, noch keiner.

Die Bünn.

Der in das Fahrzeug oder Boot fest eingebaute, im Boden durchlöcherte, Behälter zur Aufbewahrung lebender Fische wird an der Nordsee Bünn, an der Ostsee Deken oder Piek genannt. Er ist ein notwendiges Übel, denn wir haben auf Seite 35 bis 37 gesehen, daß er der Seefähigkeit nicht förderlich ist.

Es ist zu unterscheiden:

a. die Kastenbünn;
b. die Flachbünn;
c. die Schornsteinbünn.

Die Kastenbünn.

Figur 21 auf Seite 38 ist eine Darstellung der Kastenbünn eines nordamerikanischen Kutters. Die Abmessungen von Fahrzeug und Bünn sind folgende:

1) Länge des Kutters über alles . . . 10,5 m
2) Länge des Kutters in der Wasserlinie . 8,6 „
3) Größte Länge der Bünn . . . . . 2,5 „
4) Länge der Bünn in Deck . . . . 1,0 „
5) Größte Breite der Bünn . . . . 1,6 „
6) Breite der Bünn in Deck . . . . 0,7 „

Der Kutter ist eine Art Smack, wie sie von Key=West aus fangen.

Die Bünn soll die Fänge nur von Tag zu Tag aufnehmen. Das Fahrzeug bleibt also nicht länger als eine Nacht in See.

Die Kastenbünn ist für Fahrzeuge, die tief sind und ein scharfes Nullspant haben, geeignet. Bei solchen Fahrzeugen bietet ihre Anwendung nämlich den Vorteil, daß die oberste Reihe der Bünn=

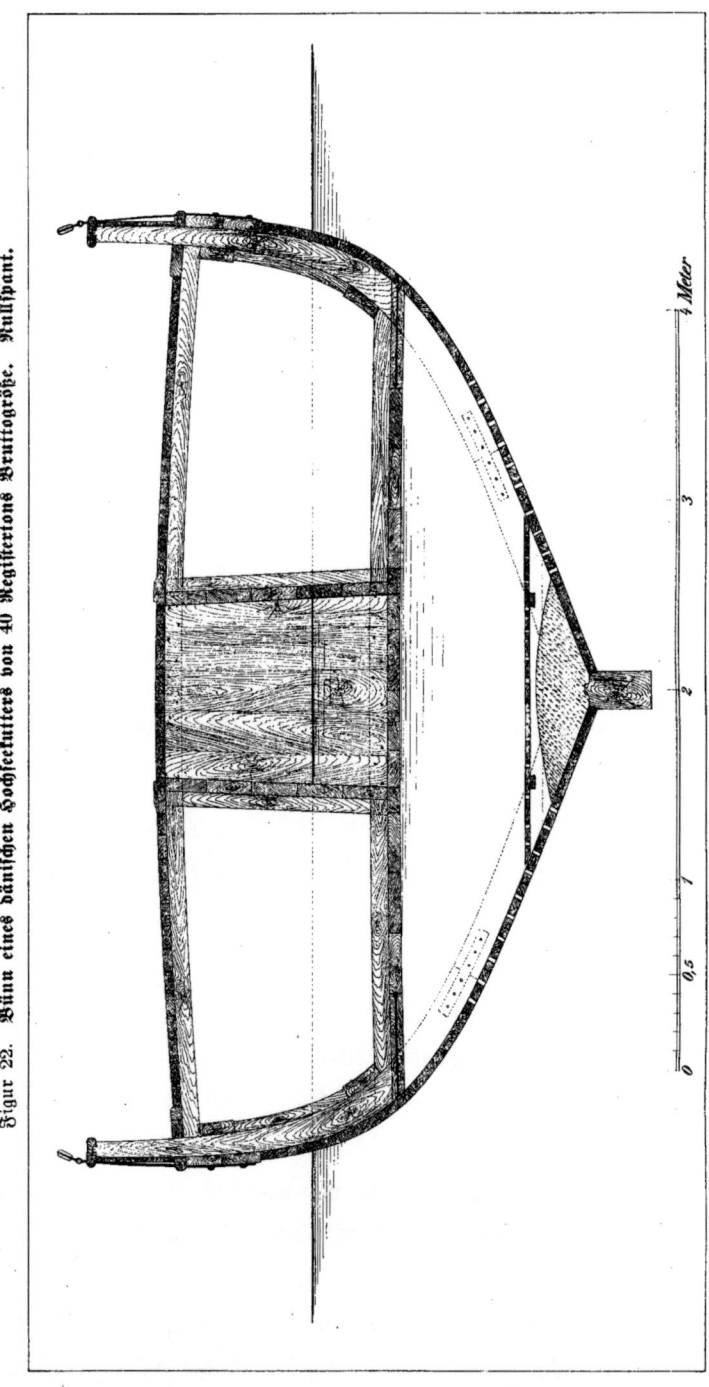

Figur 22. Plan eines dänischen Hochseekutters von 40 Registertons Bruttogröße. Rumpfspant.

löcher sehr tief gelegt werden kann. Im übrigen wird durch diese Konstruktion der Raum schlecht verwertet, wie ein Blick auf Figur 21 zeigt.

Die Flachbünn.

Bei der Flachbünn liegt das Bünndeck dicht über der Wasserlinie oder in derselben. Das Fahrzeug oder Boot wird mit Ballast so getrimmt, daß bei vierkanter Lage das Wasser in der Bünn dicht unter dem Bünndeck steht. Dieses hat ein Luk mit oder ohne Süll. In der Regel reichen die Bünnschotten vorne und hinten bis zum Schandeckel. Schlingert das Fahrzeug, oder krängt es über, so tritt das Wasser aus dem Luk in den Raum über dem Bünndeck, bleibt aber zwischen den Bünnschotten.

Diese Konstruktion findet man in den plattbodigen Fahrzeugen des Stettiner Haffs und in den Booten anderer Gegenden der deutschen Ostseeküste. Sie ist für die Hochsee unbrauchbar.

Die Schornsteinbünn.

Die Bünn eines dänischen Hochseekutters von 40 Tons.

Die Bünn eines dänischen Hochseekutters von 40 Tons Bruttogröße ist in Figur 22, 23, 24 und 25 auf Seite 40, 42, 43 und 44 dargestellt.

Die Bünnlänge beträgt etwa zwei Fünftel der Länge des Kutters in der Wasserlinie.

Die Tiefe beträgt etwas weniger als die Hälfte der Schiffshöhe zwischen Kiel und Decksbalken.

Die Breite ist gleich der Breite des Kutters auf der Innenseite der Außenbeplankung.

Die Bünn ist 24 Fuß oder 7,5 m lang. Sie hat an jedem Ende ein festes Schott, das 6 Zoll oder 157 mm dick ist. Jedes dieser Schotten steht auf einem Doppelspant. Es ist mit diesem und mit dem Kiel verbolzt.

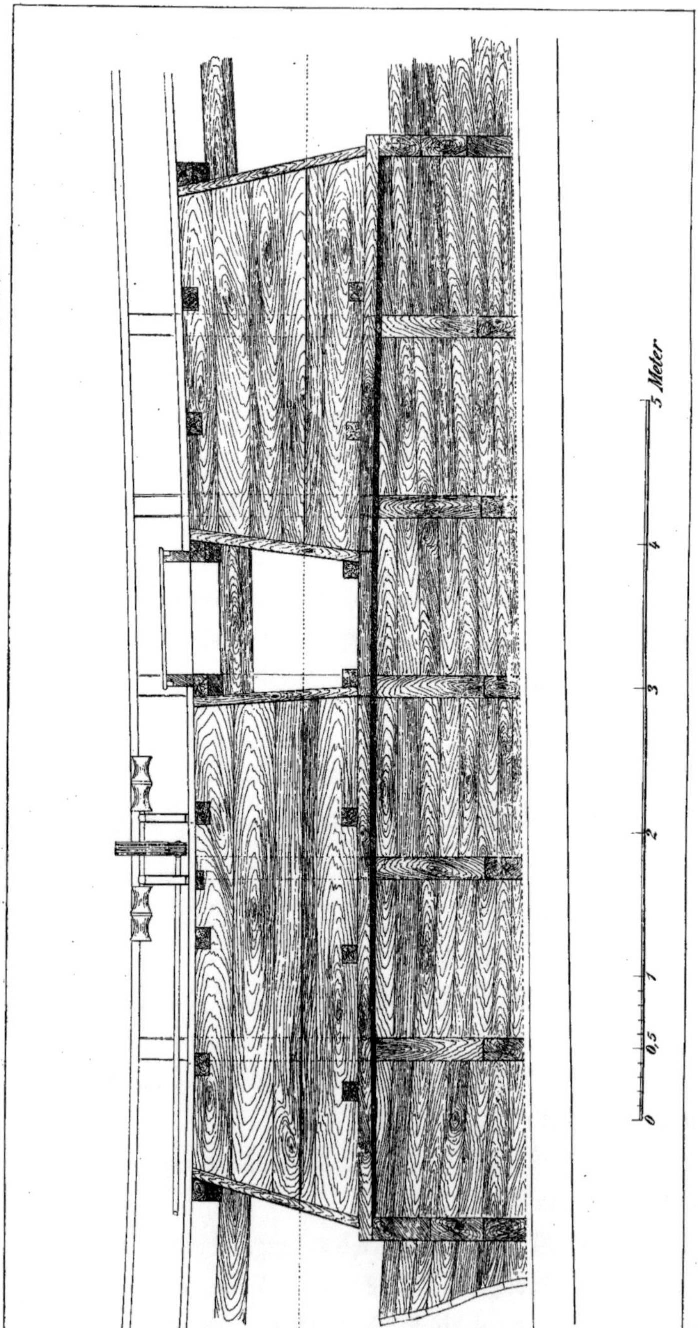

Figur 23. **Bünn eines dänischen Hochseekutters von 40 Registertons Bruttogröße. Längenschnitt.**

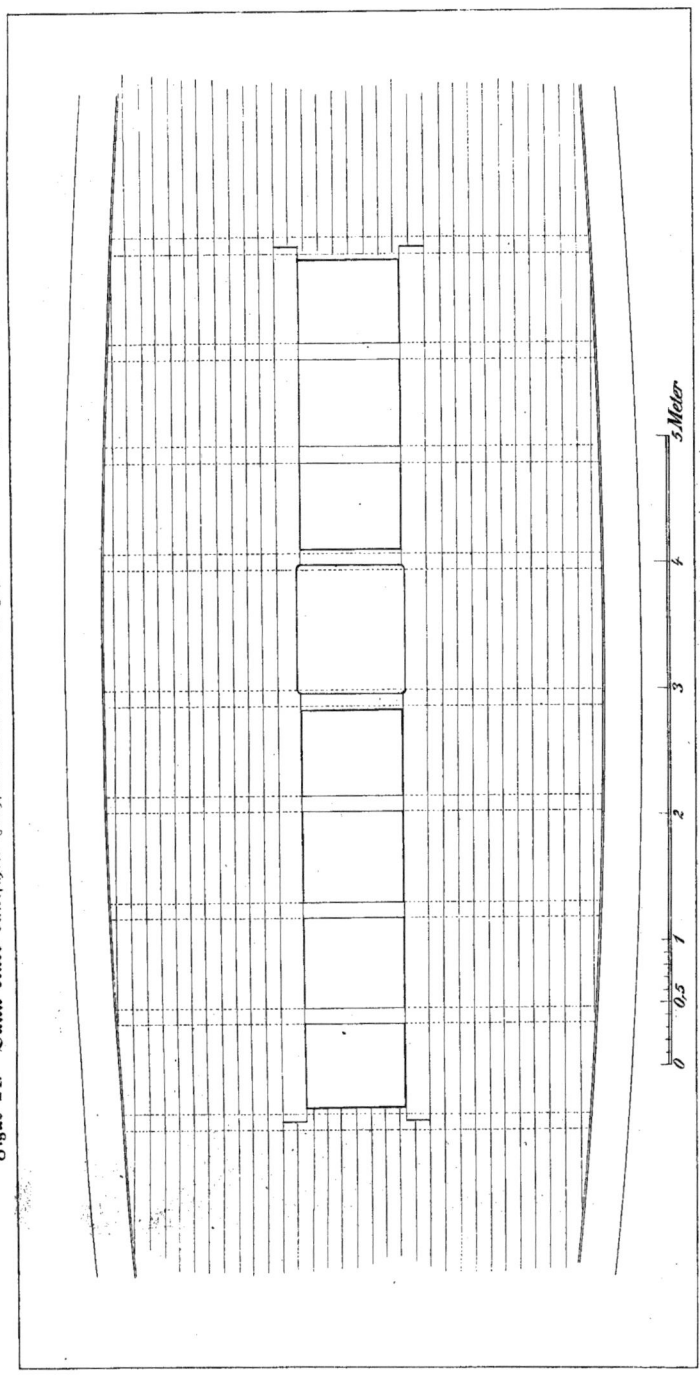

Figur 24. Bünn eines bünischen Hochseekutters von 40 Registertons Bruttogröße. Ansicht von oben.

Figur 25. Dänischer Hochseekutter. Kielgeholt.

Zwischen den beiden Endschotten befinden sich 5 bis 6 einfache Spanten von 6 Zoll oder 157 mm Dicke. Sie haben gleichen Abstand von einander und gehen vom Kiel bis zum Schandeckel. Sie bestehen aus Bodenwrangen und zwei Auflangern, die durch zwei schwere Eisenschienen mit einander verbunden sind. Diese Schienen liegen unter dem Bünndeck.

Auf den Spanten und Schotten ist die Außenbeplankung befestigt.

Das Bünndeck reicht bis zu den Endschotten und ist mit diesen verbolzt. Seine äußerste Planke wird mit der Außenhaut verbolzt. Quer über das Bünndeck werden fünf bis sechs durchgehende Bünndecksbalken gelegt. Es wird von unten mit diesen Balken verbolzt. Die Enden der Balken werden mit den Bünnspanten verbunden. Über diesen Verband wird eine Balkenwegerung gelegt. Zwischen dieser Wegerung und der Decksbalkenwegerung werden Versteifungen angebracht, die auf den Spanten befestigt sind.

Das Bünndeck und die Schotten werden von unten abgedichtet, also von der Seite, von welcher der Wasserdruck kommt.

Die Decksbalken über der Bünn, also die Oberdecksbalken, liegen recht über den Bünndecksbalken. Sie gehen alle durch, das heißt, von Bord zu Bord.

Die Breite des Schornsteins, oder des Zuganges zur Bünn vom Oberdeck aus, beträgt ein Viertel der Bünnbreite. Der Schornstein ist oben etwa 2 Fuß oder 628 mm kürzer als die Bünn. Er ist nahe der Mitte seiner Längenausdehnung unterbrochen, um Platz für ein Niedergangsluk zum Bünndeck zu erlangen. An den Enden ist der Schornstein mit den Bünndeckschotten und mit den Decksbalken verbunden. Die Seiten reichen unten bis unter die Bünndecksbalken und oben bis über die Decksbalken. Er ist an dem Deck und an dem Bünndeck festgespiekert und mit den Decksbalken sowie mit den Bünndecksbalken durch durchgehende Bolzen verbolzt. Die Seitenwände des Schornsteins sind außen,

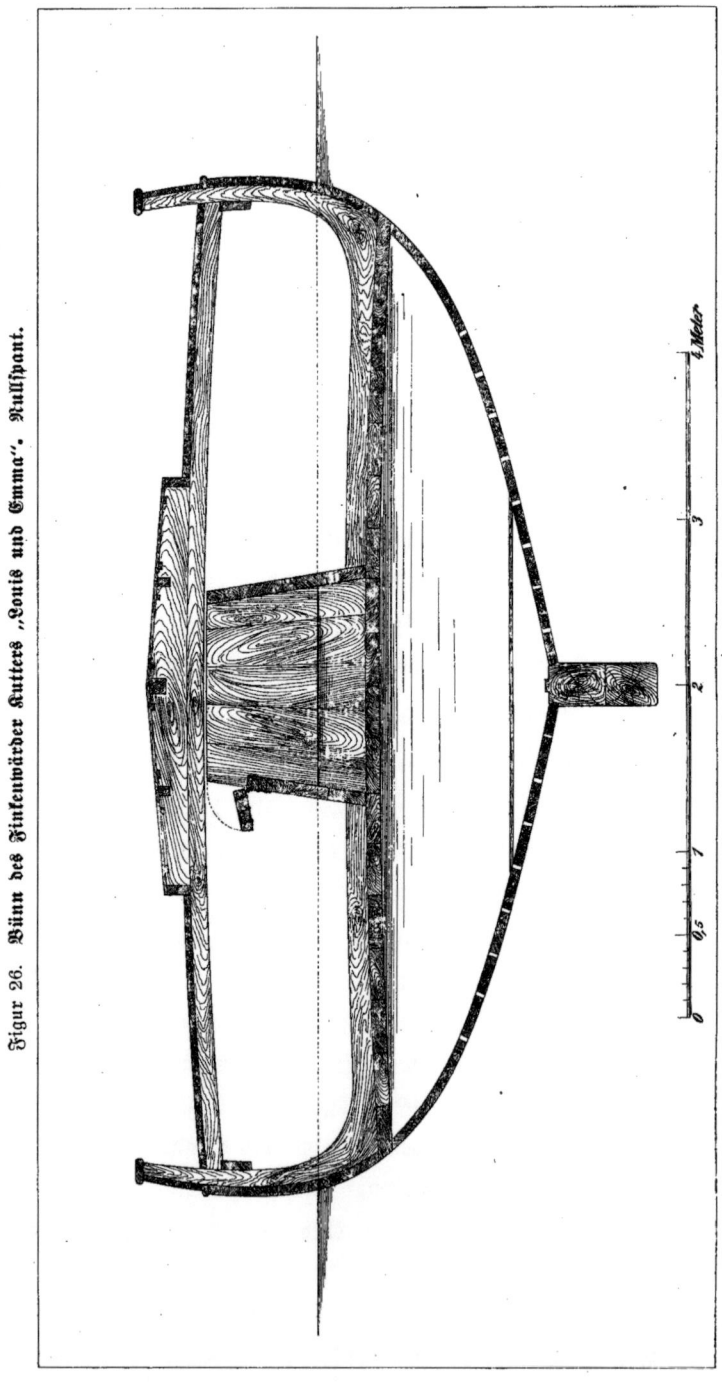

Figur 26. Bühn des Finkenwärder Kutters „Louis und Emma". Russbant.

also nach den Seiten hin, welche an das Bünndeck grenzen, durch senkrechte Leisten verstärkt.

Unter der Bünn liegt der feste Ballast, welcher aus Eisenschlacken und Cement besteht, siehe Figur 22 auf Seite 40. Er hat eine glatte Oberfläche, damit angesammelter Schmutz leicht abgespült werden kann. Die Bünn hat etwa 500 Löcher von je $1^{3}/_{4}$ Zoll oder 46 mm Durchmesser. Sie beginnen 15 Zoll oder 392 mm unter dem Bünndeck und reichen nach unten bis zum Ballast. Die aus Figur 22 auf Seite 40 ersichtliche Bodengreting liegt in der Mitte etwa 2 Zoll oder 52 mm über dem Ballast, damit das Wasser sich frei bewegen kann.

Der Zweck der Bodengreting ist die Gewinnung einer guten Liegefläche für die Fische.

Die Bünn des Finkenwärder Kutters „Louis und Emma".

Die Bünn des Kutters „Louis und Emma" ist typisch für die neuen und neueren unterelbischen Kutter. Sie ist in Figur 26, 27 und 28 auf Seite 46, 48 und 49 dargestellt.

Die Länge der Bünn beträgt etwa ein Drittel der Länge des Kutters in der Wasserlinie.

Die Tiefe ist etwa die Hälfte der Tiefe des Kutters vom Kiel bis zu den Decksbalken.

Die Breite ist gleich der Breite des Kutters auf der Innenseite der Außenbeplankung.

Die Bünn ist 20,5 Fuß oder 6,4 m lang. Sie hat vier Schotten. Zwei davon sind Endschotten. Die anderen liegen in der Bünn verteilt. Diese Schotten sind 11 Zoll oder 287 mm stark. Sie stehen auf dem Kiel und sind mit diesem verbolzt. Sie sind außerdem mit der Außenbeplankung verbolzt.

Das Bünndeck liegt auf den Schotten und ist mit ihnen verbolzt. Es wird von oben gedichtet.

48

Figur 27. Bünn des Finkenwärder Kutters „Louis und Emma". Längenschnitt.

Figur 28. Bünn des Finkenwärder Kutters „Louis und Emma". Ansicht von oben.

Dittmer und Buhl, Seefischereifahrzeuge.

Das Bünndeck ist mit dem Querschiff durch Kniee verbunden. Diese gehen vom Schandeckel an der Bordwand entlang bis zum Bünndeck, dann gehen sie über das Bünndeck bis zum Schornstein. Sie gehen also nicht von Bord zu Bord.

Der Bünnschornstein, auch Bünnkiste genannt, hat etwa zwei Drittel der Bünnlänge und etwa ein Viertel ihrer Breite. Die Enden des Schornsteins sind an den Bünndecksknieen befestigt. Die Seiten sind mit dem Bünndeck verbolzt. Der Schornstein ist nicht mit dem Oberdeck verbunden, sondern von demselben durch eine Öffnung von einem Zoll oder 26 mm getrennt.

Die oberste Planke an der einen Seite des Schornsteins ist los und mit Scharnieren versehen, so daß sie nach unten hin aufgeklappt werden kann, wie sich aus der Figur 26 auf Seite 46 ergibt. Der Zweck dieser Einrichtung ist, das Herausnehmen der Fische aus der Bünn zu erleichtern. Wird das Bünndeck mit Fischen beladen, wie es bei dem Heringsfang vor der Elb=
mündung geschieht, so muß die Klappe geschlossen und abgedichtet werden.

Auf dem Oberdeck befindet sich über dem Bünnschornstein das Großluk. Dieses hat dieselbe Länge wie der Schornstein, ist aber 2 Fuß oder 628 mm an jeder Seite breiter als der Schorn=
stein. Dieses Luk vermittelt den Zugang nach der Bünn und nach dem Bünndeck. Es hat in seiner ganzen Ausdehnung keine durchgehenden Decksbalken. Die Lukendeckel liegen lose auf dem Lukfüll und auf Balken= und Rahmenstücken, die nicht zum Schiffsverband gehören.

Die Bünn hat Löcher von 1,5 Zoll oder 39 mm Durch=
messer. Sie beginnen etwa 15 Zoll oder 391 mm unter dem Bünndeck und reichen bis zum Kiel. Zwischen diesen Löchern zirkuliert das Wasser in der Bünn. Unten liegt in der Bünn eine Bodengreting, deren Anordnung aus Figur 26 auf Seite 46 zu ersehen ist.

Der Zweck dieser Greting ist, für die lebenden Fische einen wagerechten Liegeplatz zu schaffen.

Die Bünn älterer deutscher Nordseekutter und der Ewer.

Die Bünn älterer deutscher Nordseekutter und der Ewer ist derjenigen des Kutters „Louis und Emma" ähnlich. Aus den Figuren 9 und 11 auf Seite 19 und 23, welche die Konstruktion des Ewers „Maria" und des Kutters „Albatroß" geben, ist zu ersehen, daß der Boden dieser Fahrzeuge flach ist. Sie gebrauchen also die Bodengreting wie „Louis und Emma" nicht. Der Knick im Nullspant und die platte Bodenform scheinen aus noch älteren Konstruktionen beibehalten zu sein, nur um das Flach für die Fische, welches aus dem alten Ewer stammt, zu erhalten.

Die Mängel und Vorzüge der deutschen und der dänischen Bünnkonstruktion.

Die Hauptschwächen der deutschen Bünnkonstruktion sind folgende:

1) Die Balken des Oberdecks und die Kniee des Bünndecks gehen im Bereich des Großluks nicht durch, das heißt nicht von Bord zu Bord.

2) Das Oberdeck und das Bünndeck sind mit dem Bünnschornstein und mit einander nicht konstruktiv verbunden.

Betrachtet man unter Berücksichtigung dieser Tatsachen die Figuren 26, 27 und 28 auf Seite 46, 48 und 49, so ergibt sich das Folgende:

In dem Bereich des Großluks ist bei den deutschen Fahrzeugen der Querverband und der Längsverband dadurch unterbrochen, daß die Balken des Oberdecks und die Kniee des Bünndecks nicht von Bord zu Bord gehen. Dem ganzen Bau fehlt an dieser Stelle konstruktive Einheit. Die unter der Bünn liegenden Schotten können diesen Mangel nicht ersetzen. Die Lage dieser Schotten ist in Figur 29 auf Seite 52 noch anschaulicher als in den

Figur 29. Finkenwärder Kutter. Neubau.

früheren Figuren. Die Fahrzeuge sind wegen dieses konstruktiven Fehlers im Bereich der Bünn, also auf ein Drittel ihrer Länge, weich; desto weicher, je weiter nach oben.

Dieser Übelstand findet einen deutlichen Ausdruck dadurch, daß der Verband des Oberschiffs mittschiffs dauernd in starker Bewegung ist, wenn die Fahrzeuge segeln. Diese Bewegung muß den Schiffsverband auf die Dauer lockern. Da die Fahrzeuge unter Segel am meisten in der Nähe des Großmastes beansprucht werden und da hier der feste Verband des Vorschiffes in den losen Verband bei der Bünn übergeht, werden alte Fahrzeuge oft und auch neue mitunter in der Nähe des Großmastes leck springen.

Außer der Gefahr, leicht leck zu springen, entsteht durch die unter 1 und 2 angeführten Mängel die folgende weitere Gefahr: Die Figur 26 auf Seite 46 und die Figur 28 auf Seite 49 ergibt, daß die lose aufliegenden Deckel der Lukenteile neben dem Bünnschornstein schwer zu schalken sind. Der mittlere, über dem Bünnschornstein liegende, Lukenteil kann überhaupt nicht geschalkt werden. — Brechen in schlechtem Wetter Seen über, so können sie die neben dem Schornstein liegenden Lukendeckel los schlagen und das Bünndeck mit Wasser füllen, bis das Fahrzeug sinkt. Tritt dieser Fall nicht ein und bleiben die seitlichen Lukenteile dicht, so können überbrechende Seen die Bünn von oben so schnell und stark mit Wasser füllen, daß dieses über den oberen Rand des Schornsteins in das Bünndeck läuft, bevor es durch die Löcher im Boden entweichen kann. Die an der Seite des Bünnschornsteins angebrachte Klappe wird diesen Vorgang noch beschleunigen. Auch so kann das Bünndeck mit Wasser gefüllt werden, bis das Fahrzeug sinkt.

Ein Blick auf die Figuren 22, 23 und 24 auf Seite 40, 42 und 43 ergibt, daß durch die dänische Konstruktion allen diesen Gefahren begegnet wird. Konstruktiver Verband von Kiel, Spanten, Decksbalken und Bünndecksbalken nebst Bünndeck liefern hier ein festes und von oben dichtes Fahrzeug.

Eine Notwendigkeit, die Kutter so zu bauen, wie sie in Deutschland gebaut werden, besteht eigentlich nicht. Die Fischerei, welche von der Unterelbe aus auf lebende und in Eis verpackte Fische betrieben wird, kann man ebensogut mit seetüchtigeren Kuttern nach dänischem Muster betreiben. Ginge man zu dem dänischen oder einem ähnlichen Modell über, so bliebe nur zu erwägen, wie die Fahrzeuge den vor der Elbmündung gefangenen frischen Hering unterbringen sollen, den sie jetzt durch das Groß= luk auf das Bünndeck bringen. Das Luk der dänischen Kutter ist für das Ein= und Ausbringen der Heringe reichlich klein.

Was die Bünn als Aufbewahrungsraum anbetrifft, so ist ein zusammenhängender Bünnraum, wie ihn die dänischen Kutter haben, für die Aufbewahrung lebender Fische besser als eine in drei Teile geteilte Bünn nach deutschem Muster.

Auf den deutschen Kuttern kann man die lebenden Fische leichter aus der Bünn nehmen, als auf den dänischen. Ist die bewegbare Planke am Bünnschornstein niedergeklappt, so kann man nämlich die Fische vom Bünndeck aus herausnehmen. Auf den dänischen Kuttern muß dies vom Oberdeck aus besorgt werden. Durch Erfahrungen langer Jahre ist aber bewiesen, daß dieses Ent= leeren der Bünn von Fischen vom Oberdeck aus keine besonderen Schwierigkeiten macht.

Wir haben auf Seite 37 bereits erwähnt und in Figur 19 auf Seite 34 dargestellt, daß die deutschen Kutter das Luvbünn= deck leicht über Wasser segeln. Richtet sich das Fahrzeug mit Luft unter dem Luvbünndeck wieder auf, so kann die Luft durch die Bünnlöcher nicht entweichen; sie entweicht vielmehr durch den Bünnschornstein. Dies kann bei heftigem Schlingern mit solcher Gewalt geschehen, daß Fische oder Austern, die sich in der Bünn befinden, auf das Oberdeck geschleudert werden.

Im übrigen erhellt ohne weiteres, daß das wiederholte Eindringen und Entweichen von Luft, welches bei heftigem

Schlingern eintreten kann, auch dem Lebendighalten der Fische in der Bünn nicht günstig ist.

Eine große Anfangssteifheit, wie sie die deutschen Fischkutter und Ewer haben, bedingt schnelle und harte Schlingerbewegungen und diese sind dem Lebendighalten der Fische ebenfalls nicht günstig.

Schließlich ist zu bemerken, daß die Zahl der Löcher in der Bünn mit von der Form des Fahrzeuges abhängen muß: Fahrzeuge mit heftigen Bewegungen müssen weniger Löcher haben als Fahrzeuge mit sanften Bewegungen, weil andernfalls die Bewegung des Wassers in der Bünn zu stark wird.

Die Gefahren, welche deutschen Nordseekuttern und Ewern infolge ihrer Bünnkonstruktion auf See drohen, sind also folgende:

1) Leck springen und sinken.

2) Von oben volllaufen und sinken.

3) Kentern, weil durch die Luvbünnlöcher so viel Luft unter das Bünndeck kommt, daß das Fahrzeug sich nicht wieder aufrichtet.

Die Schornsteinklappe.

Die deutschen Nordseekutter und Ewer haben an dem Bünnschornstein die aus Figur 26 auf Seite 46 ersichtliche Schornsteinklappe. Sie hat, wie schon früher erwähnt, den Zweck, daß ein Mann, auf dem Bünndeck stehend, den Fang mit einem Kätcher aus der Bünn nehmen kann, wenn die Fische an den Markt sollen. Diese Entleerung der Bünn läßt sich, bei richtiger Bauart, auch von Deck aus bewerkstelligen. Die Klappe ist also nicht notwendig. Sie ist gefährlich aus folgenden Gründen:

1) Das Wasser kann in dem Bünnschornstein nur bis an den unteren Rand der Klappe steigen, ohne in das Bünndeck zu laufen, wenn sie nicht etwa geschlossen und abgedichtet ist.

2) Auch geschlossen und abgedichtet bleibt sie eine Unzuträglichkeit, weil die Abdichtung durch die Bewegungen des Schornsteins gelockert werden kann.

Die entleerbare Bünn.

Eine entleerbare Bünn ist in Figur 30 und 31 auf Seite 57 und 58 dargestellt. Sie unterscheidet sich von der Bünn mit durchlöchertem Boden dadurch, daß die Wasserzufuhr durch vier Ventile geschieht; zwei an jedem Ende der Bünn. Diese Ventile werden von Deck aus geöffnet und geschlossen.

Das durch diese Ventile einströmende Wasser wird in die Bünn geführt durch zwei Reihen vierzölliger, oder 105 mm starker, Rohre. Diese Rohre liegen am Boden der Bünn und sind mit Löchern versehen, durch die das Wasser verteilt wird.

Um das Wasser in der Bünn zu erneuern, damit die Fische darin leben können, muß es ausgepumpt werden.

Die Pumpe nimmt das Wasser von dem Boden der Bünn, wenn die Bünn leergepumpt werden soll, und von oben aus der Bünn, wenn das Wasser erneuert werden soll.

Man läßt das Wasser von unten einströmen, weil dort der Druck stärker ist und weil die Fische durch die Einströmung gehoben werden, so daß sie nicht fest am Boden liegen. Um diese Bewegung noch zu unterstützen, nimmt man das Wasser oben fort. Dort sammelt sich auch der von den Fischen abgesonderte Schleim an, den die Pumpe mit absaugt.

Das Wasser muß bei dieser Einrichtung dauernd ein- und ausgetrieben werden. Da die durch die Fortbewegung des Fahrzeuges nutzbar zu machende Kraft nicht immer vorhanden ist und nicht ausreicht, um den nötigen Wasserwechsel in der Bünn zu bewirken, muß eine Pumpenvorrichtung dauernd in Betrieb sein, so lange sich lebende Fische in der Bünn befinden. Dies setzt das Vorhandensein eines Motors voraus, denn Menschenkraft wird man für diesen dauernden Pumpbetrieb nicht verfügbar machen können und wollen.

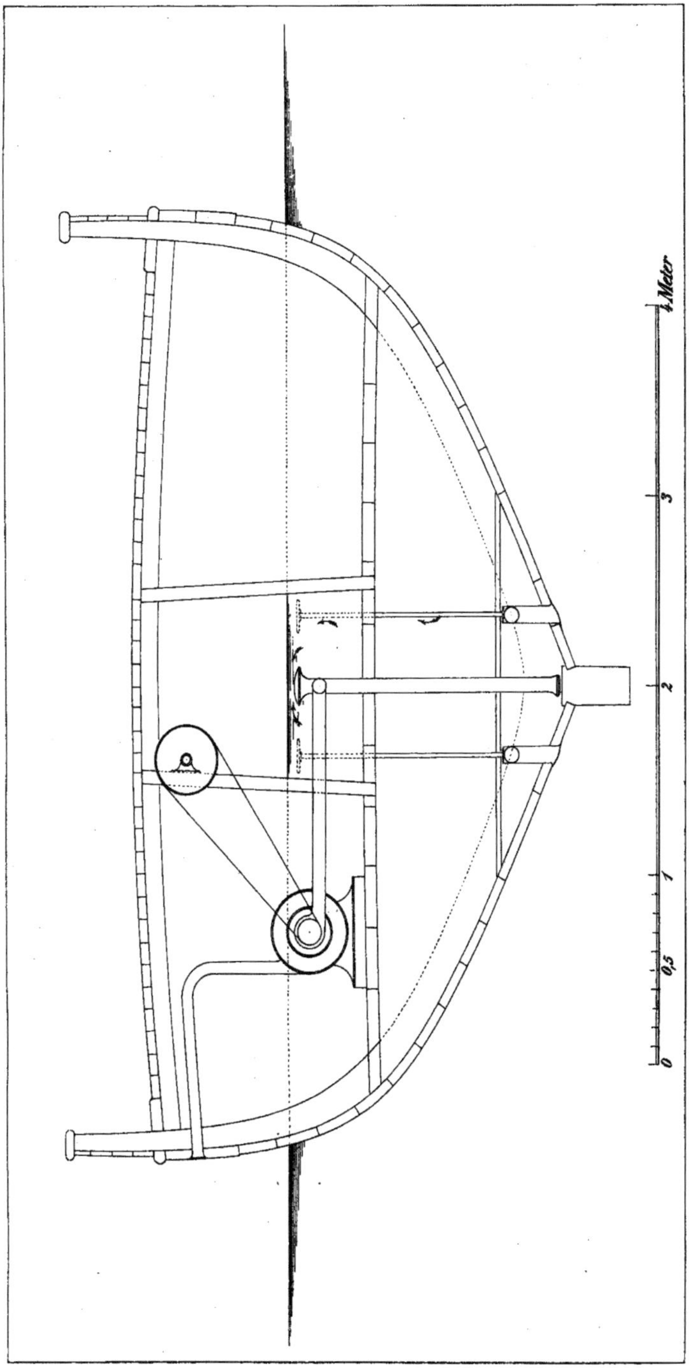

Figur 30. Entleerbare Bünn. Nullspant.

Figur 31. Entleerbare Bünn. Längenschnitt.

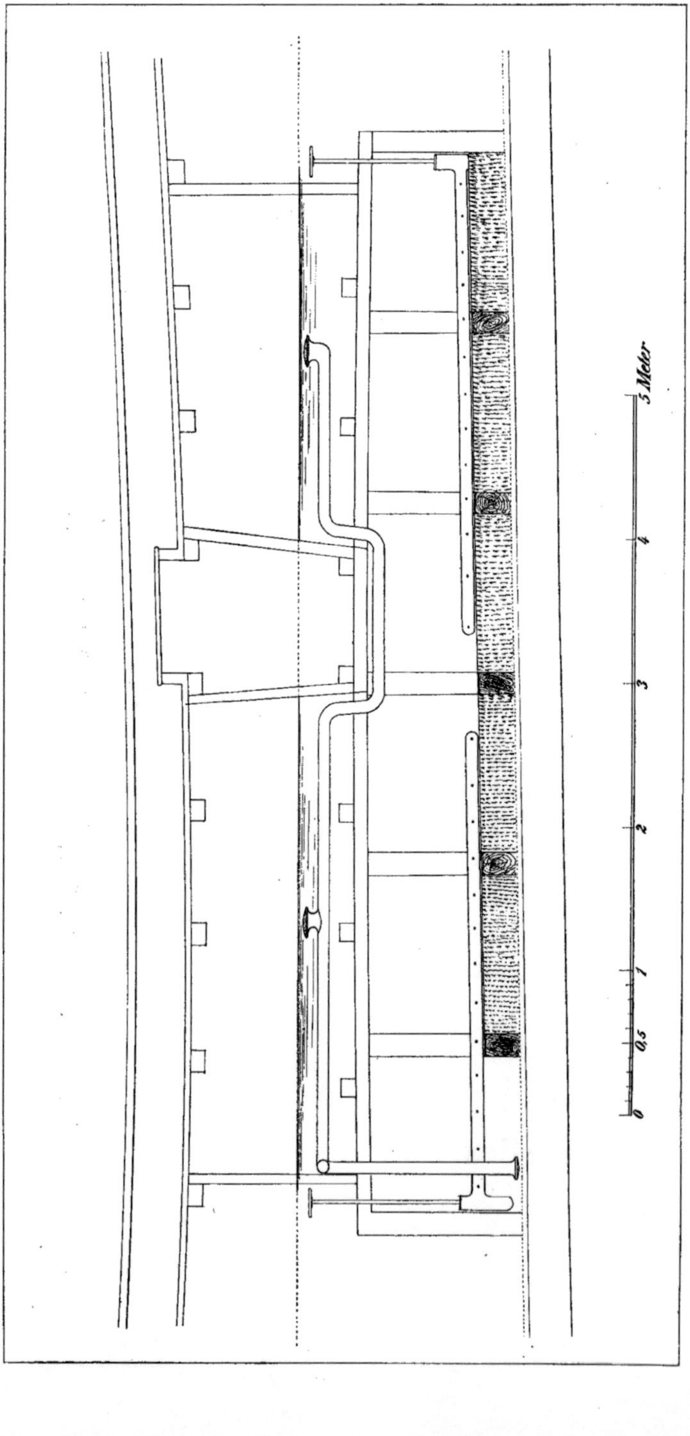

Im übrigen bietet diese Art der Bünneinrichtung folgende Vorteile:

1) Man kann bei schlechtem Wetter und hohem Seegang alle Ventile schließen, also mit festem Wasserballast segeln.

2) Die gefährliche Möglichkeit, daß bei schlechtem Wetter und hoher See Luft unter das Luvbünndeck kommt, ist ausgeschlossen.

3) Schließt man alle Ventile und pumpt die Bünn leer, so hat man den Bünnraum frei für jegliche Benutzung; z. B. zum Salzen oder Ineislegen von Fischen, zum Transport frischer Heringe u. s. w.

Ob und wie man in diesem Fall besonders ballasten muß, hängt von der Konstruktion und von der allgemeinen Beballastung des Fahrzeuges ab.

4) Fahrzeuge und Boote, welche von der offenen Küste aus fischen, kann man durch Schließen der Ventile und Leerpumpen der Bünn aufschleppungsfähiger machen.

Die Takelage.

Die deutschen Segel-Hochseefischerei-Fahrzeuge, nämlich
    Logger,
    Ewer und
    Kutter,

sind, ebenso wie die Fischkutter fast aller anderen europäischen Nationen, Anderthalbmaster*). Sie gehören zu den Schiffen, welche den Übergang bilden von den Schonern zu den Einmastern. Sie führen, im Gegensatz zu den Schonern, das Großsegel vorn. Dadurch wird, dem Einmaster gegenüber, das Großsegel handlicher. Der Besan kann beim Fischen oft benutzt werden, um das Fahrzeug mit dem Bug in den Wind zu halten. Man richtet am besten die Takelung dieser Schiffe so ein, daß der

---

*) In der Handelsmarine gehören zu den Anderthalbmastern:
    die Galioten
    „ Kuffen
    „ Kufftjalken
    „ Galeassen
    „ Yawls.

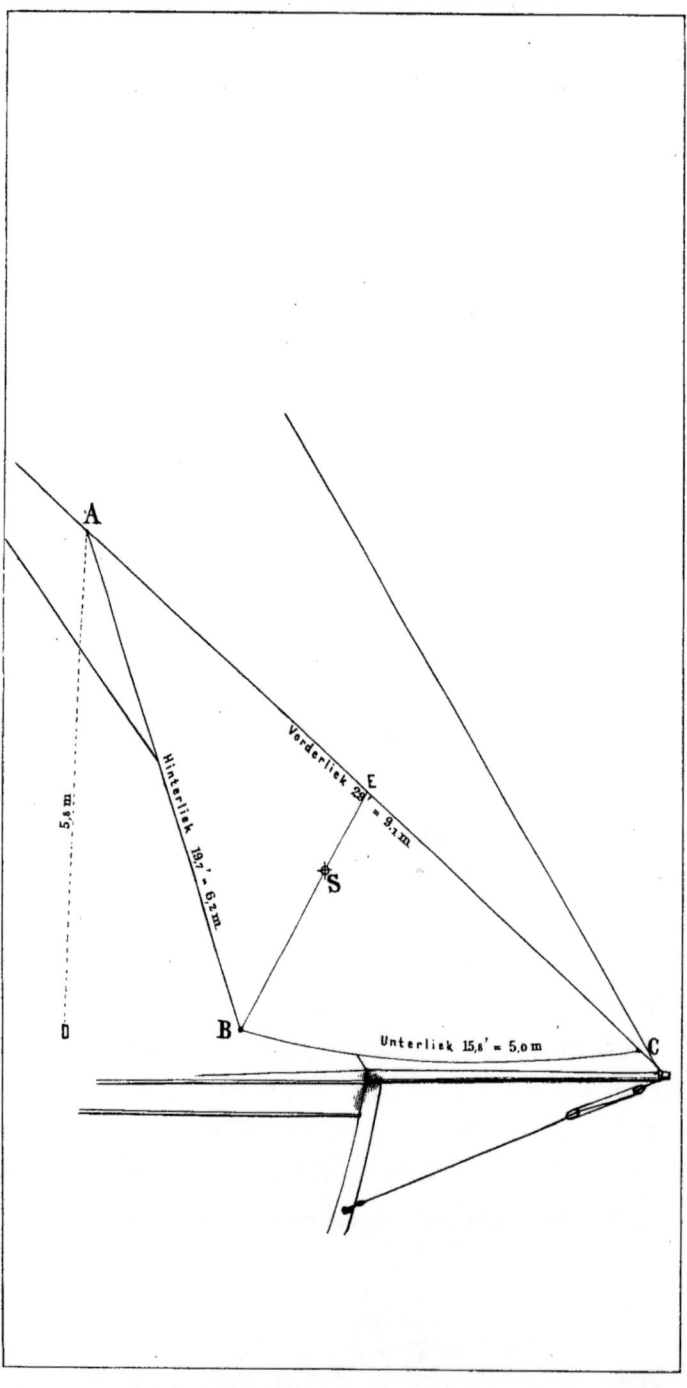

Figur 32. Klüver des deutschen Kutters „Memel".

gemeinschaftliche Schwerpunkt von Großsegel und Fock annähernd senkrecht unter dem Gesamtsegelschwerpunkt liegt. Alsdann bleibt das Fahrzeug unter Großsegel und Fock allein voll manövrierfähig und kann in schwerem Wetter halsen.

Da es für den Seefischer wichtig ist, sich von dem Flächeninhalt und von der Schwerpunktslage seiner Segel Rechenschaft geben zu können, lassen wir darüber das Nachstehende folgen:

Klüver, Stagsegel und spitze Gaffeltoppsegel.

Wir nehmen als Beispiel den Klüver des im Jahre 1903 zu Frederikshavn in Dänemark erbauten deutschen Ostseekutters „Memel".

Inhaltsberechnung.

$$\text{Inhalt} = \frac{\text{Unterliekslänge} \times \text{Höhe}}{2}$$

Danach ergibt sich aus Figur 32:

$$\frac{5{,}0 \times 5{,}8}{2} = 14{,}5 \text{ Quadratmeter Flächeninhalt des Klüvers.}$$

Schwerpunktsermittelung.

Man teilt die Vorderliekslänge AC der Figur 32 auf Seite 60 in zwei gleiche Teile und zieht von dem Teilungspunkt E aus die Verbindungslinie nach dem Schothorn B. Dann liegt der Schwerpunkt S auf $2/3$ des Abstandes zwischen B und E von B entfernt, so wie in Figur 32 angegeben ist.

Großsegel, Besan- und viereckige Gaffeltoppsegel.

Wir nehmen wieder als Beispiel das Großsegel des Ostseekutters „Memel".

Inhaltsberechnung.

Wir ziehen in Figur 33 auf Seite 62, welche das Großsegel darstellt, die Diagonale AD. Dann haben wir zwei Dreiecke mit der gemeinsamen Grundlinie AD. Diese Grundlinie ist 10,05 m lang. Das eine Dreieck hat 6,04 m; das andere 2,16 m Höhe, wir haben also:

$$\frac{10{,}05 \times 6{,}04}{2} + \frac{10{,}05 \times 2{,}16}{2}$$
$$= 30{,}3 \quad + \quad 10{,}9$$
$$= 41{,}2 \text{ Quadratmeter Flächeninhalt des Großsegels.}$$

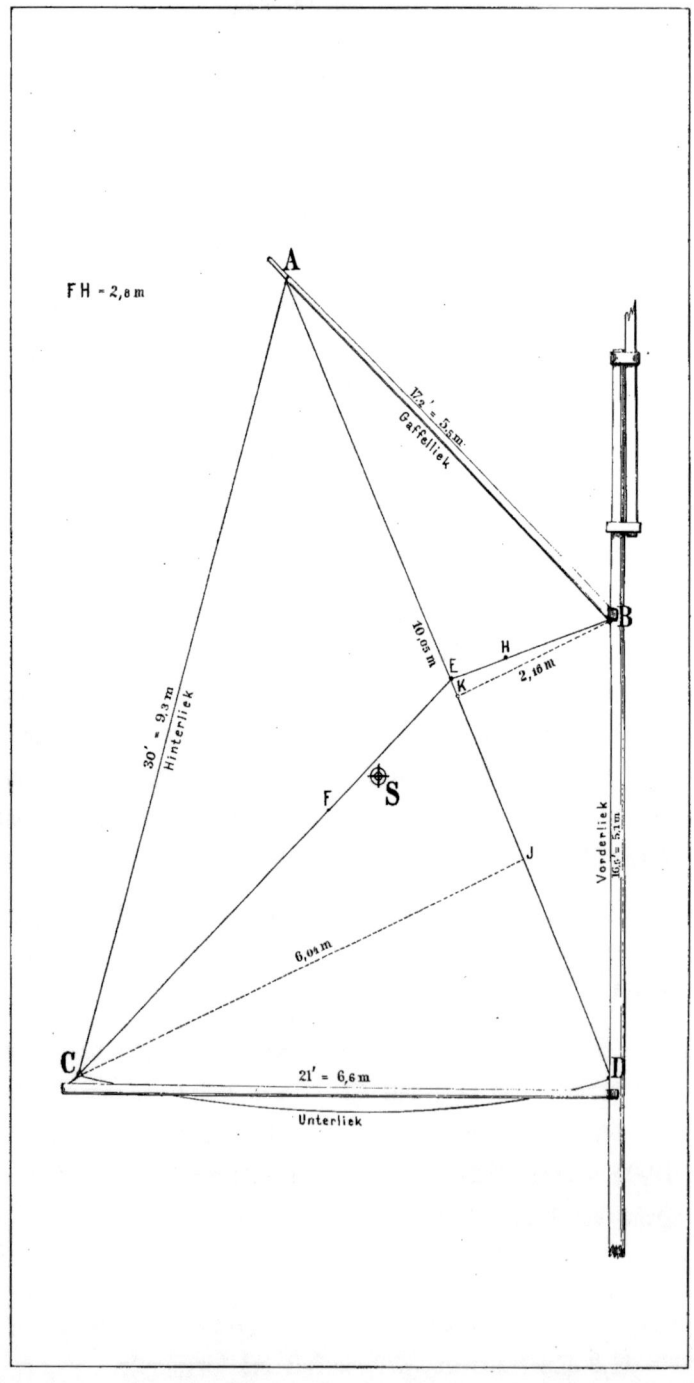

Figur 33. Großsegel des deutschen Kutters „Memel".

Schwerpunktsermittelung.

Man halbiert die in Figur 33 auf Seite 62 gezogene Diagonale AD. Von dem Halbierungspunkt E aus zieht man eine gerade Linie nach C, dem Schothorn, und nach B, der Klau. Dann liegt der Schwerpunkt des Dreiecks ABD auf $^2/_3$ der Entfernung zwischen B nach E von B aus, also in H; und der Schwerpunkt des Dreiecks ACD liegt auf $^2/_3$ der Entfernung zwischen C und E von C aus, also in F. Nun ist:

$$FS = \frac{FH \times 10{,}9}{41{,}2} = \frac{2{,}8 \times 10{,}9}{41{,}2} = 0{,}74 \text{ m}$$

der Abstand des Schwerpunktes des ganzen Segels von dem Schwerpunkt F des unteren Dreiecks. Dieser Schwerpunkt liegt also in S.

Flächeninhalt und Schwerpunkt sämtlicher Segel.

Wenn die Flächen der einzelnen Segel und die Lage ihrer Schwerpunkte berechnet sind, findet man den Schwerpunkt sämtlicher Segel wie folgt:

Man bestimmt den Schwerpunkt jedes Segels und mißt den Abstand des Schwerpunktes jedes Segels von einer senkrechten Linie, welche durch die Mitte der Ladewasserlinie gezogen wird. Dieser Abstand multipliziert mit dem Flächeninhalt des einzelnen Segels gibt das Moment des einzelnen Segels; und die Summe der Momente aller Segel dividiert durch die Summe des Flächeninhalts aller Segel gibt den Abstand des Schwerpunktes aller Segel von der Senkrechten durch die Ladewasserlinie.

Liegen nicht alle Segel auf einer Seite der Senkrechten durch die Ladewasserlinie, so zieht man die Momente der davor liegenden von den Momenten der dahinter liegenden ab.

Auf diese Weise erhält man die Lage des Schwerpunktes aller Segel in bezug auf die Länge der Ladewasserlinie.

Um zu finden, wie hoch der Schwerpunkt aller Segel über der Ladewasserlinie liegt, mißt man die Höhe des Schwerpunktes

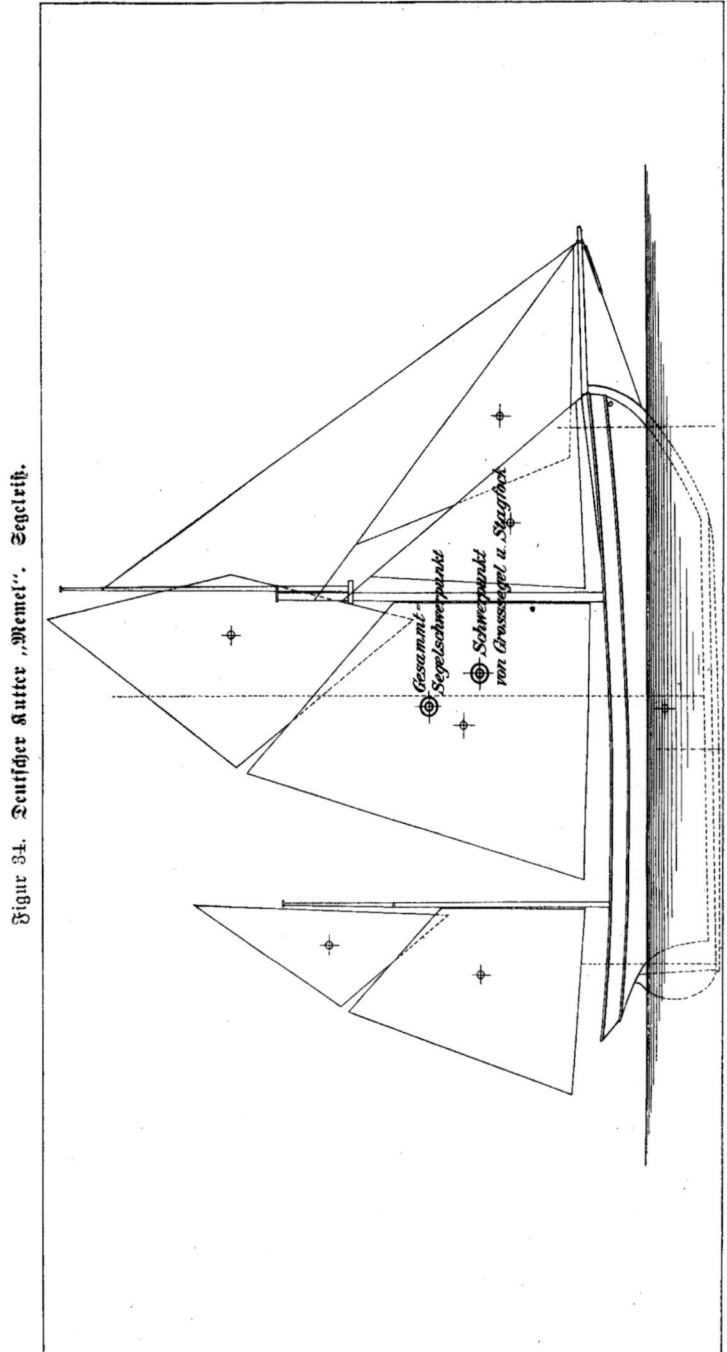

Figur 34. Deutscher Kutter „Memel". Segelriß.

jedes einzelnen Segels über der Ladewasserlinie. Dieser Abstand multipliziert mit dem Flächeninhalt jedes Segels gibt das Höhenmoment.

Die Summe der Höhenmomente aller Segel dividiert durch den Flächeninhalt aller Segel gibt die Höhe des Schwerpunktes aller Segel über der Ladewasserlinie.

Auf diese Weise ergibt sich der Schwerpunkt der einzelnen Segel und auch der Schwerpunkt aller Segel, oder der Gesamt=segelschwerpunkt, des Kutters „Memel" im Einklang mit der Figur 34 auf Seite 64 wie folgt:

Benennung der Segel	Fläche in Quadratmeter	Von der Mitte der Wasserlinie		Über der Wasserlinie	
		Abstand des Segelschwerpunktes in m	Momente	Abstand des Segelschwerpunktes in m	Momente
Besan	19,1	— 7,0	— 133,7	4,15	79,3
Besangaffeltoppsegel .	8,1	— 5,8	— 47,0	8,4	68,0
Großsegel	41,2	— 0,75	— 30,9	4,9	201,9
Großgaffeltoppsegel .	22,1	+ 1,05	+ 23,2	10,9	240,9
Stagfock	13,5	+ 4,05	+ 54,7	3,5	47,3
Klüver	14,5	+ 6,60	+ 95,7	3,8	55,1
	118,5		— 211,6		692,5
			+ 173,6		
			— 38,0		

$$\frac{38,0}{118,5} = 0,32 \text{ m}$$ Lage des Gesamtsegelschwerpunktes hinter der Mitte der Ladewasserlinie.

$$\frac{692,5}{118,5} = 5,85 \text{ m}$$ Lage des Gesamtsegelschwerpunktes über der Ladewasserlinie.

Der Gesamtschwerpunkt von Großsegel und Stagfock allein ergibt sich aus nachstehendem:

Benennung der Segel	Fläche in Quadratmeter	Von der Mitte der Wasserlinie		Über der Wasserlinie	
		Abstand des Segelschwerpunktes in m	Momente	Abstand des Segelschwerpunktes in m	Momente
Großsegel	41,2	− 0,75	− 30,9	4,9	201,9
Stagfock	13,5	+ 4,05	+ 54,7	3,5	47,3
	54,7		+ 23,8		249,2

$$\frac{23,8}{54,7} = 0{,}44 \text{ m}$$ Lage des Schwerpunktes von Großsegel und Stagfock vor der Mitte der Ladewasserlinie.

$$\frac{249,2}{54,7} = 4{,}56 \text{ m}$$ Lage des Schwerpunktes von Großsegel und Stagfock über der Ladewasserlinie.

Will man die Segelzeichnung eines Fahrzeugs anfertigen, so diene das Folgende als allgemeiner Anhalt:

1) Nennt man:

GS die Gesamtsegelfläche;

  L die Länge in der Ladewasserlinie;

  B die größte Breite in der Ladewasserlinie;

  P die Fläche des das Schiff in der Ladewasserlinie umschreibenden Rechtecks = L × B,

so sollte GS nicht kleiner als P und nicht größer als 3 × P sein.

2) Der Standort der Masten richtet sich mit nach der Lage des Segelschwerpunktes und nach der Größe der Vor- und Hintersegel.

Man wird den ersten Entwurf in der Regel noch ändern müssen. Als erster Anhalt kann das Folgende dienen.

Bezeichnet wieder L die Länge des Fahrzeuges in der Ladewasserlinie, so ist:

a. Für Logger und Zweimast-Kutter:

Entfernung von Vorkante Vorsteven bis Mitte Großmast 0,32 L
Entfernung von Mitte Großmast bis Mitte Besanmast 0,56 L
Entfernung von Mitte Besanmast bis Hinterkante Hintersteven . . . . 0,12 L

Fall der Masten:

Großmast . . . . 2 Grad,
Besanmast . . . . 5 „

Steigung des Bugspriets:

8 Grad.

b. Für Besanewer:

Entfernung von Vorkante Vorsteven bis Mitte Großmast 0,35 L
Entfernung von Mitte Großmast bis Mitte Besanmast 0,45 L
Entfernung von Mitte Besanmast bis Hinterkante Hintersteven . . . . 0,20 L

Fall beider Masten:

0 bis $1\frac{1}{2}$ Grad.

Steigung des Bugspriets:

12 bis 19 Grad.

3) Je höher der Gesamtsegelschwerpunkt liegt, desto weniger Steifheit hat das Fahrzeug unter Segel.

3) Je weiter der Gesamtsegelschwerpunkt hinter dem Schwerpunkt des Längenplanes liegt, desto luvgieriger wird das Schiff; je weiter er davor liegt, desto leegieriger wird es.

4) Niedriger Großmast mit Stänge ist besser als hoher Großmast ohne Stänge, weil:

a. ein kleines Großsegel mit großem Gaffeltoppsegel handiger ist, als ein großes Großsegel mit kleinem Gaffeltoppsegel;
b. die Stänge bei schlechtem Wetter und Gegenwind gestrichen werden kann, was besonders auf Motorfahrzeugen von großem Wert ist.

Zweiter Teil.

Hülfsmaschinen
für Fahrzeuge und Boote.

Allgemeines.

Es ist etwa ein Jahrzehnt vergangen, seit sich an der leitenden Stelle des Deutschen Seefischerei-Vereins die Überzeugung Bahn brach, daß auf den Fahrzeugen und Booten der deutschen See- und Küstenfischerei der Motor mit Hülfsschraube eingeführt werden müsse, wenn der Kleinbetrieb in dem internationalen Wettbewerb und dem Großbetrieb gegenüber nicht unterliegen solle.

Ein Motor ist jede Maschine, welche Kraft in Bewegung umsetzt. Also auch die Dampfmaschine ist ein Motor. Wir nennen aber Motore im ganzen Kleinmaschinen ohne Dampfbetrieb.

Für die See- und Küstenfischerei kamen und kommen bis jetzt nur Explosionsmotoren in Frage. Dies sind Maschinen, welche dadurch bewegt werden, daß ein Gemisch von entwickelten Dämpfen oder Gasen und atmosphärischer Luft explodiert und dadurch den Kolben treibt.

Wir berücksichtigen hier in erster Reihe den Petroleummotor. Mit dem Benzinmotor und mit dem Spiritusmotor beschäftigen wir uns nur nebenher.

Der Spiritusmotor ist nämlich für die Verwendung in der Seefischerei noch nicht reif.

Da der Benzinmotor, wegen der Feuers- und Explosionsgefahr des Benzins, zu gefährlich ist, steht der Petroleummotor bisher in erster Linie.

Die vielen in Deutschland vorhandenen Petroleummotor-Systeme gehen darauf aus, mit einer gegebenen Kraft eine möglichst große Fahrgeschwindigkeit zu erzielen. Die dadurch entstandenen Konstruktionen sind nicht ganz einfach und erfordern geübte Bedienung. Sie widerstehen der außerordentlich rauhen Behandlung an Bord von Seefischereifahrzeugen und -Booten nicht.

Jede Motorfabrik hat bekanntlich ihr eigenes System. Guß=
modelle, Werkstattmaschinen u. s. w. sind darauf eingerichtet, das
Personal ist darauf eingeübt. Man entschließt sich also schwer
zu Änderungen. Es ist aber nicht richtig, ein beliebiges System
auf ein Seefischereifahrzeug zu setzen. Der Schiffbauer und der
Fischer müssen vielmehr der Motorenfabrik die Bedingungen
stellen, welche sie zu erfüllen hat. Dieser Weg wurde in Däne=
mark eingeschlagen. So entstanden die dänischen Systeme. Sie
sind nicht neu; aber sie sind so vereinfacht, daß die danach ge=
bauten Motoren der rauhesten Behandlung gewachsen sind.

Die Stoffe für den Motorbetrieb.

Als Stoffe für den Motorbetrieb ziehen wir hier der Reihe
nach in Betracht:

     1) das Benzin;

     2) das Petroleum;

     3) den Spiritus;

     4) das Benzol.

Das Erdöl.

Das Erdöl oder Rohpetroleum entsteht durch Zersetzung
tierischer Körper im Erdinnern.

Es findet sich in der oberen Erdschicht in Nordamerika,
Rußland und Holländisch=Indien. Von geringerer Bedeutung sind
die Fundorte in Rumänien, Galizien, Italien, Japan, Birma
und Deutschland.

An der Spitze der Erdölproduktion steht zur Zeit Rußland.
An zweiter Stelle stehen die Vereinigten Staaten von Nordamerika.

In rohem Zustande ist das Erdöl in der Regel eine ölige,
dicke Flüssigkeit von brauner Farbe mit grünlichem Reflex. An
der Luft verliert es die flüchtigen Bestandteile, wird dick und
bildet endlich den Asphalt.

Die verschiedenen Erdölarten weisen in ihren physikalischen
und chemischen Eigenschaften große Verschiedenheiten auf.

Je nach der Temperatur, bei welcher man die Dämpfe des Erdöls auffängt und kondensiert, lassen sich die folgenden drei Hauptgruppen von Destillationsprodukten unterscheiden:

Gruppe	Bezeichnung der Destillate	Spezifisches Gewicht	Siedepunkt in Graden Celsius	Entflammungspunkt in Graden Celsius
Flüchtige Öle oder Leichtöle	Benzin, Gasolin usw.	0,65 bis 0,75	35 bis 150	unter 21
Leuchtöle	Petroleum, Kaiseröl u. s. w.	0,78 bis 0,86	150 bis 300	21 bis 70
Schweröle	Cylinderöle, Solaröle, Schwere Schmieröle u. s. w.	0,86 bis 0,96	über 300	190 bis 250

Das nordamerikanische Rohprodukt liefert die größte Menge Leuchtöl, das russische liefert mehr Schweröl.

Das Benzin.

Das Benzin mit spezifischen Gewichten von 0,67 bis 0,71, wie es für Motorzwecke benutzt wird, ist ein flüchtiges Öl oder Leichtöl. Es verdampft schon von etwa + 5 Grad Celsius ab so stark, daß es leicht entzündbare Explosionsgemische bildet. Ist Benzin in einem geschlossenen Raum nur in geringer Menge verschüttet, so bleibt die Luft mit explosiven Dämpfen gesättigt, auch wenn die Temperatur noch niedriger als + 5 Grad Celsius ist. Benzin, das in wenig ventilierten Räumen verschüttet wird, führt also für lange Zeit Explosionsgefahr herbei.

Das Benzin brennt bei Berührung mit Feuer oder mit einer Flamme sofort. Sein Entflammungspunkt liegt bei — 10 bis — 15 Grad Celsius.

Seiner Feuer- und Explosionsgefährlichkeit wegen ist der Gebrauch des Benzins für den Motorbetrieb an Bord gedeckter Fahrzeuge nicht sicher genug. Auch in offenen Booten ist es gefährlicher, als Petroleum.

Das Motorpetroleum.

Das zu Motorzwecken brauchbare Leuchtöl oder Lampenpetroleum hat ein spezifisches Gewicht von etwa 0,78 bis 0,80. Das heißt also: 1000 kg Wasser nehmen soviel Raum ein wie 780 bis 800 kg Petroleum.

Wenn dieses Öl sorgfältig destilliert ist, ist seine Feuers- und Explosionsgefahr bei der Aufbewahrung nicht groß.

Ein auf die Oberfläche guten Lampenpetroleums geworfenes brennendes Zündholz erlischt. Erst bei Erhitzung des Petroleums über 30 Grad Celsius dürfen Dämpfe ausgestoßen werden, die sich entzünden lassen.

Weniger gut destilliertes Motorpetroleum enthält eine gewisse Menge Kohlenwasserstoffe in Lösung, welche schon bei schwacher Erwärmung entweichen und mit Luft ein leicht entzündliches, heftig explodierendes Gemisch bilden.

Es kommen natürlich sehr verschiedene Motorpetroleumarten in den Handel.

Nachstehend geben wir ein Beispiel der Beschaffenheit einiger verschiedener Arten, wie sie durch den Vorsteher des städtischen Lebensmittel-Untersuchungsamtes zu Düsseldorf ermittelt worden sind:

	Korff's Kaiseröl, aus der Petroleum-Raffinerie vormals August Korff in Bremen	Universalöl, von Emil Finke in Bremen	Diamant-Salon-Petroleum der Deutsch-Amerikanischen Petroleum-Gesellschaft
1) Entflammungspunkt in Graden Celsius	50,5	43,5	40,5
2) Spezifisches Gewicht bei 15 Grad Celsius	0,790	0,7856	0,7836
3) Leichtöl (Siedepunkt 35 bis 150 Grad Celsius) . . .	4,84 %	9,92 %	11,11 %
4) Leuchtöl (Siedepunkt 150 bis 300 Grad Celsius) . . .	86,42 %	80,08 %	74,96 %
5) Schweröl (Siedepunkt über 300 Grad Celsius) . . .	8,74 %	10,00 %	13,93 %

Der Wert eines Motorpetroleums ist bedingt:

a. durch die Höhe seines Entflammungspunktes, weil mit der Höhe desselben die Explosions- und Feuersgefahr vermindert wird.

b. durch einen geringen Gehalt an Leichtöl*) und Schweröl**) und durch einen hohen Gehalt an Leuchtöl.

Man verwende also nur gut gereinigtes Lampenpetroleum für den Motorbetrieb. Je näher sein Entflammungspunkt der auf Seite 73 angegebenen Grenze von 70 Grad Celsius liegt, desto besser ist es.

Der Spiritus.

Spiritus oder Alkohol wird durch Gährung des Traubenzuckers beziehungsweise dessen Rohstoffen (Getreide und Kartoffeln) gewonnen.

Reiner, wasserfreier Alkohol hat ein spezifisches Gewicht von 0,7964 und einen Siedepunkt von 78 Grad Celsius.

Für den Motorbetrieb kommt nur mit Wasser verdünnter Alkohol unter der Bezeichnung Spiritus in Betracht.

Nach den vom Bundesrat erlassenen Branntweinsteuer-Ausführungsbestimmungen***) kommt in Deutschland für technische Zwecke geeigneter, denaturierter Spiritus in den Handel. Die Denaturierung besteht darin, daß dem Spiritus bestimmte Stoffe zugesetzt werden. So ist z. B. ein Benzolzusatz von 2 bis 20 Liter Benzol auf je 100 Liter Alkohol erlaubt.

Nach Beschluß des Bundesrats vom 27. Februar 1896 darf denaturierter Spiritus, dessen Stärke weniger als 80 Gewichtsprozent beträgt, nicht verkauft oder feilgehalten werden.

---

*) Das Leichtöl erhöht die Feuers- und Explosionsgefahr in ähnlicher Weise wie Benzin.

**) Das Schweröl setzt Rückstände ab, die den Betrieb erschweren und schließlich hindern.

***) Branntweinsteuer-Ausführungsbestimmungen. Achter Teil: Branntweinsteuer-Befreiungsordnung. Amtliche Ausgabe. Berlin 1902. R. v. Decker's Verlag, Berlin SW, Jerusalemerstraße 56.

Die Zentrale für Spiritusverwertung in Berlin bringt 90 volumenprozentigen Spiritus in den Handel; d. h. bei einem Volumen von der Größe 100 sind 90 Prozent Alkohol und 10 Prozent Wasser*). Dazu kommen die anderen Zusätze.

Bei Berührung mit einer offenen Flamme brennt Spiritus desto leichter, je weniger Wasser er enthält.

Jeder Handelsspiritus ist zum Motorbetrieb verwendbar.

Der Entflammungspunkt des Zentralspiritus liegt bei 16 Grad Celsius.

Das Benzol.

Um die Entzündungsfähigkeit der Spiritusdämpfe zu erhöhen und um die Betriebs-Kosten der Spiritusmotoren zu vermindern, setzt man dem Spiritus häufig Benzol zu. Man karburiert ihn.

Das Benzol, welches dem Spiritus für den Motorbetrieb bei einigen Systemen zugesetzt wird, ist aus Steinkohlenteer gewonnen.

Es ist eine bei 80 Grad Celsius siedende, bei 0 Grad erstarrende Flüssigkeit.

Sein spezifisches Gewicht beträgt 0,88.

Die Bedeutung des Benzols für den Motorbetrieb beschränkt sich lediglich auf die erwähnte Mischung mit Spiritus. Dieselbe ist schon auf Seite 75 erwähnt.

---

*) 90 volumenprozentiger Zentralspiritus hat etwa 86,1 Gewichtsprozente. Bei allen Rechnungen, die am Spiritusmotor auszuführen sind, muß man die Stärke des Spiritus in Gewichtsprozenten kennen. Da die Umrechnung aus Volumenprozenten in Gewichtsprozente umständlich ist, und da man mit dem Gewichtsmanometer die Stärke unmittelbar in Gewichtsprozenten messen kann, sollte man alle Angaben in Gewichtsprozenten machen. Übrigens gibt es Tabellen für die Umrechnung.

Die Vorteile und Nachteile von Petroleum, Benzin, Spiritus und Benzol=Spiritus als Betriebsmaterial.

1) Petroleum ist nicht so feuergefährlich als Spiritus, und nicht explosionsgefährlicher als dieser. Es verdient in der See- und Küstenfischerei vor allen anderen Betriebsmaterialien bis jetzt deshalb den Vorzug, weil es Petroleummotoren gibt, deren vereinfachte Konstruktion die rauhe Behandlung an Bord von See- und Küstenfischereifahrzeugen und =Booten verträgt.

2) Benzin ist für die Verwendung in gedeckten Fahrzeugen ausgeschlossen, weil eine geringe Menge in geschlossenem Raum, also unter Deck, verschütteten Benzins eine gefährliche Explosion bewirken kann.

3) Spiritus läßt höhere Kompressionsgrade, also bessere Wärmeausnutzung, zu wie Petroleum und Benzin. Er ist reinlicher und geruchloser im Betrieb, weil sich kein Rückstand bildet.

Die Betriebssicherheit der Spiritusmotoren kann dadurch leiden, daß durch unzureichende Luftzuführung Essigsäure entsteht. Diese erzeugt starke, dem Betrieb gefährliche, Rostbildungen.

4) Der Benzolspiritus hat dem reinen Spiritus gegenüber folgende Nachteile:

a. er ruft Verschmutzungen durch Rückstände hervor;
b. das Gemenge wird im Winter zu dickflüssig;
c. das Beschaffen und Zusammenmischen verschiedener Flüssigkeiten macht Unbequemlichkeiten.

Ob und wie weit der Spiritus durch einen Zusatz von Benzol feuer= und explosionsgefährlicher wird, als reiner Spiritus, scheint noch nicht festzustehen.

Der Petroleummotor.

Die Einführung des Petroleummotors in die dänische See- und Küstenfischerei.

Vor etwa fünfzehn Jahren begann die dänische Regierung die Einführung des Motors auf den Segelfahrzeugen der See- und Küstenfischerei zu unterstützen und zu fördern.

Von 85 in Frederikshavn und Skagen heimischen Kuttern der in Figur 16 und 17 auf Seite 29 und 30 dargestellten Art waren 1894 versehen:

mit Dampfwinden 78
„ Petroleumwinden 7

Einige andere hatten Naphthawinden.

Alle diese Winden dienten zum Einhieven der Netze.

Schon 1896 begann die Petroleummotorwinde die anderen Winden zu verdrängen. Sie erwies sich als einfacher, haltbarer und billiger. Die Kosten stellten sich nämlich damals für den Tag wie folgt:

	Mark
1) Petroleum	2,250
2) Dampf	4,218
3) Naphtha	6,750

Bald kamen die Fischer auf die Idee, daß die Motorkraft der Winden auch für die Fortbewegung der Fahrzeuge ausgenutzt werden müsse, damit an Bord der im Sommer bei Windstille in See treibenden Fahrzeuge nicht die Fänge starben und unbrauchbar wurden. Schmied und Fischer erfanden so die lose übergehängte Schraube, ein Fortbewegungsmittel von verblüffender Einfachheit. — Von dem unter Deck stehenden Motor führt eine Ketten- oder Riemenübertragung nach einer in der Längenrichtung des Fahrzeuges über Deck nach dem Heck laufenden Welle. An dem Endpunkt dieser Welle hängt seitlich vom Ruder die Schiffsschraube in einem Rahmen. Welle auf Deck und Schraubenwelle sind durch eine Triebkette verbunden.

Wir kommen auf diese Einrichtung zurück und fügen der weiteren Erläuterung Zeichnungen dieser bemerkenswerten Erfindung bei.

Ende des Jahres 1900 war fast jeder von Frederikshavn und Esbjerg aus fangende Kutter mit einer solchen übergehängten Schraube versehen.

Der Natur der Sache nach kann diese Schraube nur bei gutem Wetter in Betrieb sein. Jeder mäßige Seegang bedingt ihre Außerbetriebsetzung. Man ging daher dazu über, die Schrauben fest einzubauen. Im Jahre 1903 hatte die Zahl der lose übergehängten Schrauben bereits stark abgenommen. Im Jahre 1904 werden sie fast ganz verschwinden, weil der feste Einbau wirtschaftlich und technisch richtiger ist.

Der Snurrwadenfang, darin bestehend, daß die Wade von dem in See verankerten Fahrzeug aus mit dem Beiboot ausgefahren wird, veranlaßte den Fabrikanten Sörensen zu Aalborg in Jütland im Jahre 1900, einen Versuch mit einem Motorbeiboot zu machen, das einen Petroleummotor von $1\frac{1}{2}$ Pferdestärken hatte. Andere Fabriken nahmen die Idee auf und die Folge war, daß im Jahre 1903 von Frederikshavn und Esbjerg aus kaum noch ein Kutter ohne Motorbeiboot auf den Fang ging.

Die Erfolge des Motorbetriebes in der Kutterfischerei übten auch auf die kleineren Betriebe ihren befruchtenden Einfluß aus. Im Jahre 1900 begann man die von der offenen West- und Nordküste Jütlands und von den kleinen Häfen des Kattegats und der Belte aus fangenden offenen Boote mit Petroleummotoren zu versehen. Im Jahre 1903 war das Fischen mit Motorbooten von den offenen Küsten und von den kleinen Häfen aus bereits zur Regel geworden.

Der dänische Petroleummotor des Typus „Alpha".

Die Motoren der dänischen Hochseekutter hatten bisher 2, 4 und 6 Pferdestärken. Sie hatten nur einen Cylinder. Erst bei 8 und mehr Pferdestärken wendet man nämlich zwei Cylinder an. Seit 1904 geht man zu Motoren von 10 und 12 Pferdestärken über.

Die Maschine ist einfach wirkend, stehend oder liegend. Das Prinzip ist stets dasselbe.

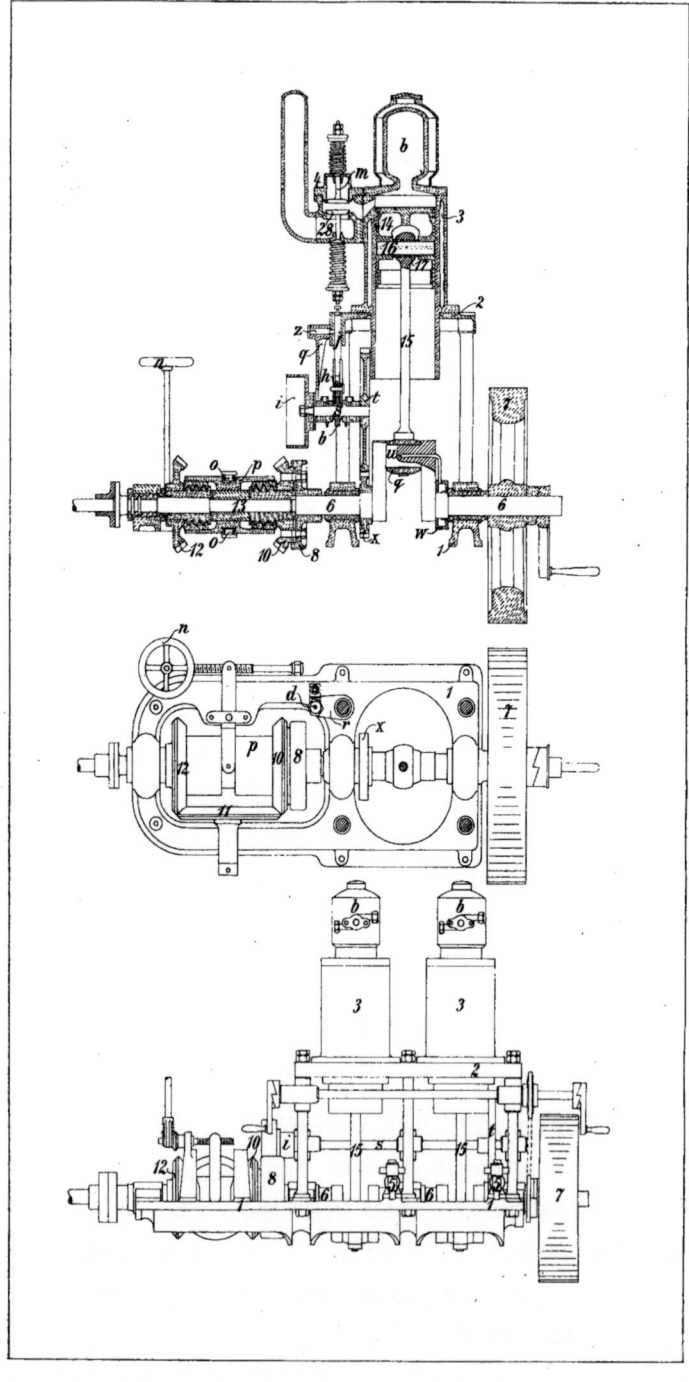

Figur 35. Petroleummotor „Alpha".

Unter den vielen Systemen von Petroleummotoren, welche in der dänischen Seefischerei verwendet werden, ist das System „Alpha" der Aktiengesellschaft „Frederikshavns Jernstøbery og Maskinfabrik" (Gebrüder Houmøller) in Frederikshavn eins der besten, vielleicht das beste. Seine Motore widerstehen der rauhen Behandlung und starken Beanspruchung, denen sie im See= und Küstenfischereibetriebe ausgesetzt sind. Wir gehen daher hier auf dieses System ausführlich ein.

Der in Figur 35, 36 und 44 auf Seite 80, 82 und 104 dargestellte Petroleummotor des Typus „Alpha" hat in der Hauptsache folgende Teile:

I. Den Bodenrahmen **1** und den Oberrahmen **2**, durch Stützen mit einander verbunden.

II. Einen Cylinder mit Kühlkappe **3**. Diese Kühlkappe trägt das Ventilhaus **4**, den Vergaser **b** und das selbstwirkende Schmiergefäß.

III. Eine Petroleumpumpe **d**, angebracht auf dem Stativ **r**.

IV. Eine Hülfswelle **s**. Sie trägt den Regulator **i**, den Excenter **l** und das Zahnrad **t**.

V. Einen Winkelarm **q**, der die Petroleumpumpe **d** bewegt.

VI. Eine Kühlwasserpumpe **5** mit Rohrleitungen.

I. Das Gestell und die Hauptwelle.

In dem Bodenrahmen **1** befinden sich zwei Kurbelwellenlager. In diesen Lagern läuft die stählerne Kurbelwelle. Sie trägt das Schwungrad **7** und einen Kuppelungsflansch **8** für die Schrauben= welle. Der Kurbelzapfen **u** ist in der Längenrichtung durchbohrt und mit Querlöchern versehen zum Schmieren des Kurbelzapfenlagers **g**, das den Zapfen umfaßt. Bei dem einen Kurbelarm ist ein Schmierring **w** angebracht. Zum Schmieren der Maschine wird das Öl in Röhren von dem Schmiergefäß geleitet, welches an der Seite des Oberrahmens **2** angebracht ist. Von dort aus wird auch das Drucklager geschmiert. Der Bodenrahmen ist nach hinten verlängert, um Platz für den Kuppelungsflansch **8** zu gewinnen, und um die drei konischen Zahnräder **10**, **11** und **12** aufzunehmen. Mit diesen Rädern

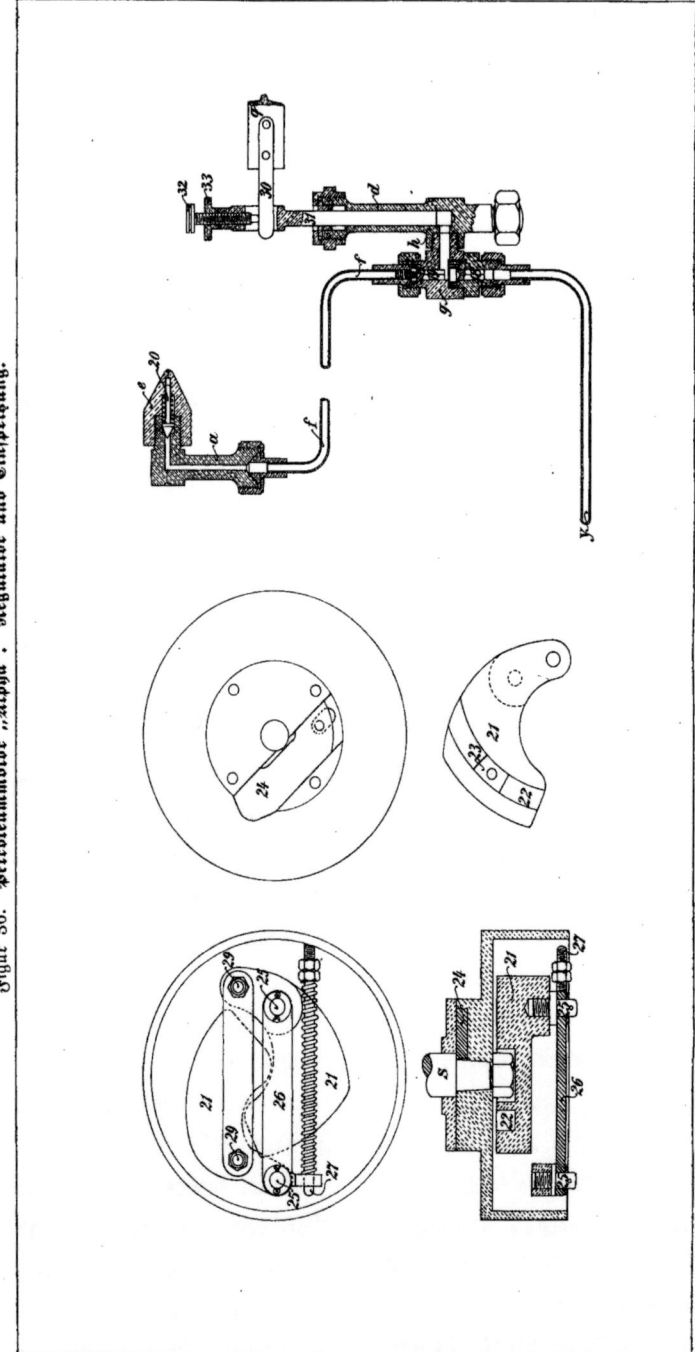

Figur 36. Petroleummotor „Alpha". Regulator und Einspritzung.

und mit einer zwischen ihnen angebrachten doppelten Friktions=
kuppelung wird die Welle und damit auch die Schraube auf
Vorwärts= oder Rückwärtsgang gestellt. Man drückt nämlich die
Kuppelungsmuffe p gegen die Kurbelwelle, stellt dadurch direkte
Verbindung her zwischen Schraubenwelle und Kurbelwelle und
bewirkt den Vorwärtsgang. Oder man drückt die Muffe gegen
das hintere Zahnrad 12. Nun wird die Bewegung durch die
Zahnräder übertragen und die Schraube läuft rückwärts. Wird
die Muffe in die Mittelstellung gebracht, so läuft der Motor
ohne die Schraube zu drehen.

Das Steuerrad n und die mit ihm verbundene Schrauben=
vorrichtung dienen zur Bewegung der Muffe p.

Auf der Kurbelwelle sitzt gegenüber dem Schmierring w das
Zahnrad x.

II. Der Cylinder mit Zubehör.

Auf dem Oberrahmen 2 ist der Cylinder festgebolzt. In
dem Cylinder bewegt sich der Kolben 14. Der Kolben ist unten
offen und nimmt hier die Pleyelstange 15 auf. In Figur 35 auf
Seite 80 hat der Kolben des eincylindrigen Motors die höchste Lage;
die Kolben des zweicylindrigen Motors haben daselbst die niedrigste
Lage. Zur Verbindung von Kolben und Pleyelstange ist der Kolben
quer durchbohrt. Ein Drehzapfen aus gehärtetem Stahl 16 paßt
in die Durchbohrung. Dieser Zapfen geht auch durch die Buchse
der Pleyelstange 17, die gleichfalls aus gehärtetem Stahl besteht.
Der Kolben ist mit Kolbenringen aus Gußeisen versehen, welche
die Abdichtung zwischen Kolben und Cylinderwand bewirken.

Der auf dem Cylinder festgeschraubte gußeiserne Vergaser
ist zum Schutz gegen Wärmeverluste mit einem gußeisernen Mantel
umgeben. Der Zwischenraum ist mit Asbest ausgefüllt. Der
Vergaser ist mit einer Klappe versehen, die geöffnet wird, um die
Stichflamme zur Anheizung einzuführen. Sonst ist sie geschlossen.

In dem Ventilgehäuse 4 sind zwei Ventile angebracht. Durch
das oberste, das Einströmungsventil m, wird, vermöge der Sauge=

wirkung des Kolbens, Luft selbsttätig in den Cylinder gesogen. Durch das unterste Ventil 28, das Ausströmungsventil, geschieht die Ausströmung der verbrauchten Dämpfe zwangsläufig bei jeder zweiten Umdrehung der Kurbelwelle. Die Dämpfe werden durch eine Rohrleitung in den Knalldämpfer und von dort ins Freie geführt.

Das an der Seite des Cylinders angebrachte Schmiergefäß des Kolbens 14 besorgt auch das Schmieren des Drehzapfens 16. Der Drehzapfen 16 ist in der Längenrichtung durchbohrt. Von dieser Durchbohrung kann das Öl nach der Buchse 17 abfließen durch ein Querloch in der Mitte des Zapfens.

III. Die Petroleumpumpe.

Die Petroleumpumpe d ist eine gewöhnliche Sauge- und Druckpumpe mit Metallventilen 18 und 19. Ihr Saugerohr y führt nach dem an einer Seite des Motors angebrachten Petroleumbehälter. Das Druckrohr f führt nach dem Vergaser h. Am Ende des Druckrohres ist das Einspritzungsventil a angebracht. Auf das Einspritzungsventil ist die Spitze e geschraubt. In dieser sitzt ein Gegenventil 20 mit Feder. Auf dem Druckventil 19 sitzt ebenfalls eine schwache Feder.

Die Größe des Pumpenhubes kann geändert werden, indem der Pumpenkolben durch eine Schraube verstellt wird.

IV. Die Hülfswelle.

Auf der Hülfswelle s sitzt der Regulator i. Derselbe besteht aus einer cylindrischen Hohltrommel, in der die Schwingklötze oder Regulatorklötze 21 angebracht sind. Sie sind so befestigt, daß sie um das eine Ende 29 schwingen. An der Innenseite des einen Klotzes ist die Spur 22 eingedreht. In dieser Spur läuft das Stahlstück 23. Dieses Stahlstück ist quer durchbohrt und sitzt an der Innenseite einer Zunge 24. Der Zweck dieser Zunge ist, die Bewegung, den Schlag, der Petroleumpumpe zu bewirken. Die Spur ist in den Klotz so eingedreht, daß ihr Mittelpunkt etwas seitlich von dem Umdrehungspunkt liegt. Dadurch wird folgendes bewirkt: Wenn der Klotz bei gehender Maschine unter der Wirkung der Zentrifugalkraft ausschwingt, wird die Zunge **24** eingezogen. Dies bewirkt wiederum, daß die Bewegung der Petroleumpumpe vermindert und schließlich eingestellt wird. Läuft nämlich der Motor zu schnell, z. B. mit ausgekuppelter Schraube, so schwingen die Klötze des Regulators so weit aus, daß die Petroleumpumpe nicht mehr getrieben wird und die Petroleumzufuhr nach dem Vergaser aufhört bis der Motor wieder langsamer läuft. Auf jedem Klotz ist ein Zapfen **25** angebracht. Durch diese Zapfen sind die Klötze mit dem Querstück **26** verbunden. Dieses Querstück hat an dem einen Ende ein Auge, durch welches eine Stange **27** geht. Die Stange trägt eine Feder, welche gegen das erwähnte Auge drückt. An dem anderen Ende der Stange befinden sich zwei Schraubenmuttern, mit denen die Feder gespannt werden kann. Die Stange ist am Ende, außerhalb der Schraubenmuttern, vierkant. Dieses Vierkant paßt in ein Loch an der Außenseite der Regulatortrommel.

Der Excenter **1** hebt das Ausströmungsventil **28**, indem er gegen eine Rolle drückt. Diese Rolle trägt eine Gabel **j**, welche die Bewegung nach dem Ventil hin fortpflanzt. Zwischen dem Ausströmungsventil und der Stellschraube der Hebegabel muß ein Zwischenraum sein. Bei kleinen Motoren $1/16$ Zoll = 1,7 mm; bei größeren $1/12$ Zoll = 2,4 mm.

Das Zahnrad **t**, welches auf dem Ende der Hülfswelle sitzt, ist doppelt so groß wie das Zahnrad **x** auf der Kurbelwelle. Es macht also eine Umdrehung in der Zeit, in welcher die Kurbelwelle zwei Umdrehungen macht. An dem Zahnrad der Hülfswelle ist ein kleiner Zapfen excentrisch angebracht, der die Kühlwasserpumpe **5** treibt.

V. Der Winkelarm.

Zur Verbindung zwischen Regulator und Petroleumpumpe ist eine winkelförmige Excenterstange **q** angebracht. Sie dreht sich um einen Bolzen **z**. Dieser Bolzen ist auf einem Vorsprung des Oberrahmens befestigt. An dem einen Ende der Excenterstange ist eine kleine Rolle angebracht. Sie nimmt den Druck der Regulatorzunge 24 auf. In dem anderen Ende des Winkelarmes sitzt ein zungenförmiges Stahlstück 30. Dieses Stück faßt in ein längliches Loch in dem Kopf des Kolbens der Petroleumpumpe. Das Loch ist so lang, daß sich das Stahlstück des Winkelarmes darin frei bewegen kann. Soll der Motor stehen, so löst man die Gegenmutter 33 und dreht die Schraube 32 soweit zurück, daß der Regulator den Kolben nicht bewegen kann.

VI. Die Kühlwasserpumpe.

Die Kühlwasserpumpe 5 ist durch einen Zapfen excentrisch mit dem Zahnrad t verbunden. Es ist eine Saug- und Druckpumpe. Das Saugerohr geht in See oder in die Bünn, wo innen ein Absperrventil und außen ein Sieb angebracht ist. Das Druckrohr führt nach der Kühlkappe des Cylinders; von dort wird das Wasser in See geleitet.

VII. Die Arbeit.

V_o bezeichnet das Gesamtvolumen des Cylinders,

V_h das Hubvolumen des Motors oder das Volumen, welches vom Kolben bestrichen wird,

V_c das Volumen des Kompressionsraumes oder das Volumen, welches der Kolben in seiner höchsten Lage noch freiläßt. Dann ist:
$$V_o = V_h + V_c,$$
und der Kompressionsgrad $e = \dfrac{V_o}{V_c}$.

Je höher komprimiert wird, um so höher erwärmt sich das Gemisch vor der Zündung, weil die Kompression nach Art des pneumatischen Feuerzeuges zu einer erheblichen Temperatur=

steigerung der eingeschlossenen Ladung führt. Dadurch können Frühzündungen und heftige Kolbenstöße entstehen. Der Kompressionsgrad darf bei Petroleummotoren nicht höher als 4 sein.

Mit jedem vierten Kolbenschlag oder mit jeder zweiten Umdrehung wird in den Cylinder eine Mischung von Petroleumdämpfen und atmosphärischer Luft eingeführt. Diese Mischung explodiert in dem erhitzten Vergaser und treibt den Kolben abwärts. Nun besorgt das auf dem Innenende der Kurbelwelle sitzende Schwungrad drei Kolbenschläge. Dann tritt wieder eine Explosion ein.

Der Motor arbeitet demnach im Viertakt, d. h. in vier Takten oder Huben, in folgender Weise:

Erster Hub, Ansaugehub: Der Kolben macht eine Abwärtsbewegung und saugt Luft durch das Ventil **m**. Gleichzeitig wird Petroleum eingespritzt, das in dem erhitzten Vergaser **b** zu Dampf wird. Ist der Kolben unten angelangt, so schließt sich das Einströmungsventil.

Zweiter Hub, Kompressionshub: Durch Aufwärtsbewegung des Kolbens wird die Dampf- und Luftmischung auf das Volumen des Kompressionsraumes verdichtet.

Dritter Hub, Expansions- oder Arbeitshub: Die Mischung wird entzündet und der Kolben durch die Explosion arbeitverrichtend abwärts getrieben. Wenn der Kolben fast seine niedrigste Stellung erreicht hat, beginnt die Ausströmung durch das Ausströmungsventil **28**.

Vierter Hub, Auspuffhub: Das Ausströmen hält an, bis der Kolben fast seinen höchsten Stand wieder erreicht hat. Die Verbrennungsrückstände werden dadurch aus dem Cylinder entfernt.

Darauf beginnt der beschriebene Umlauf von neuem.

Durch den Vorgang wird viel Wärme entwickelt. Deshalb muß der Cylinder **3** abgekühlt werden. Dies geschieht durch

Figur 37. Beibootsmotor „Alpha".

Waſſer, das die Kühlwaſſerpumpe 5 aus See nimmt, nach der Kühlkappe des Cylinders und dann wieder in See führt. Dieſes Waſſer darf durch zu geringe Waſſeranſtellung nicht zu warm werden. Es darf beim Verlaſſen der Maſchine nicht über 30 bis 50 Grad Celſius haben.

In betreff der Temperatur= und Druckverhältniſſe wird man für größte Belaſtung eines Petroleummotors etwa das Folgende annehmen können:

1) Temperatur des Gasgemiſches vor dem Ein=
strömungsventil . . . . 20 bis 30 Grad Celſius

2) Temperatur der Auspuffgaſe hinter dem
Auspuffventil . . . . bis zu 300 Grad Celſius

3) Kompreſſionsendſpannung in Atmoſphären=
Überdruck . . . . 2,0 bis 4,0

4) Größte Exploſionsſpannung in Atmoſphären=
Überdruck . . . . 25 bis 30

Der Beibootsmotor.

Der Beibootsmotor „Alpha" ist in Figur 37 auf Seite 88 dargeſtellt.

Er wird kräftiger als 2,5 effektive Pferdeſtärken nicht verwendet.

Sein Syſtem iſt das beſchriebene.

An der rechten Seite iſt der in der Figur ſichtbare Petroleum= kaſten von. 7,2 Liter Inhalt angebracht. Von dort läuft das Petroleum nach der Pumpe ab.

In das Auspuffrohr iſt der trommelförmige Knalldämpfer eingeſchaltet.

Zum Bremſen der Hauptwelle bei leerlaufendem Motor dient eine Handbremſe mit einem von oben auf die Welle wirkenden hölzernen Bremsbalken.

Der Motor mit zwei Cylindern.

Der Motor „Alpha" mit zwei Cylindern ist von dem eincylindrigen nur durch Hinzutritt des zweiten Cylinders unterschieden.

Der zweite Cylinder bedingt aber selbstverständlich eine Vermehrung der Bestandteile und eine gesteigerte Sorgfalt bei der Bedienung; denn jeder der beiden Cylinder muß mit gleicher Sorgfalt überwacht werden.

In der Mitte wird ein drittes Kurbelwellenlager nötig.

Im übrigen bestehen folgende Vorteile und Nachteile des zweicylindrigen Motors.

A. Vorteile.

1) Man kann einen Cylinder abkuppeln, indem man die Kolbenstange von der Kurbelwelle löst und sie durch ein für den Zweck konstruiertes Splint an einer unter dem Cylinder angebrachten Feder befestigt. Die Maschine läuft dann mit einem Cylinder, also mit weniger Kraft und weniger Materialverbrauch.

2) Die Maschine kann noch mit einem Cylinder laufen, wenn der andere havariert ist und außer Betrieb gesetzt werden muß.

B. Nachteile.

1) Man hat zwei Cylinder zu überwachen und zu betreiben. Der Betrieb ist nicht so leicht zu übersehen, wie bei einem Cylinder.

2) Da zwei Vergaser im Betriebe mehr Wärme ausstrahlen als einer, wird der Maschinenraum heißer.

Maschinenwirkung
auf Vorwärts= und Rückwärtsgang der Schraube.

Die Maschine eines Motors läßt sich nicht umsteuern. Will man mit dem Motor vorwärts und auch rückwärts arbeiten, so hat man die Wahl, ob man umsteuern will:

    a. die Welle, oder

    b. die Schraubenflügel.

Die Umsteuerung der Schraubenwelle.

Die Umsteuerbarkeit der Schraubenwelle bedingt eine Schraube mit festen Flügeln.

Da dreiflügelige Schrauben, wenn sie festgestellt sind, die Steuerfähigkeit des Fahrzeuges unter Segel sehr beeinträchtigen, so kommen hier nur Schrauben mit zwei Flügeln in Betracht.

Die Form und Größe der Schraube festzustellen, ist in jedem einzelnen Falle Sache des Maschinenkonstrukteurs. Die große Verschiedenheit der vorhandenen und patentierten Formen und die Unsicherheit der theoretischen Ermittelungen auf diesem Gebiet gestatten uns nicht, auf diesen Punkt hier näher einzugehen.

Figur 38. Motor „Alpha" mit Friktionskuppelung für Umsteuerung der Welle.

Die Umsteuerbarkeit der Welle, um welche es sich hier handelt, ist vielfach patentiert. Allgemein wird dabei die Friktionskuppelung

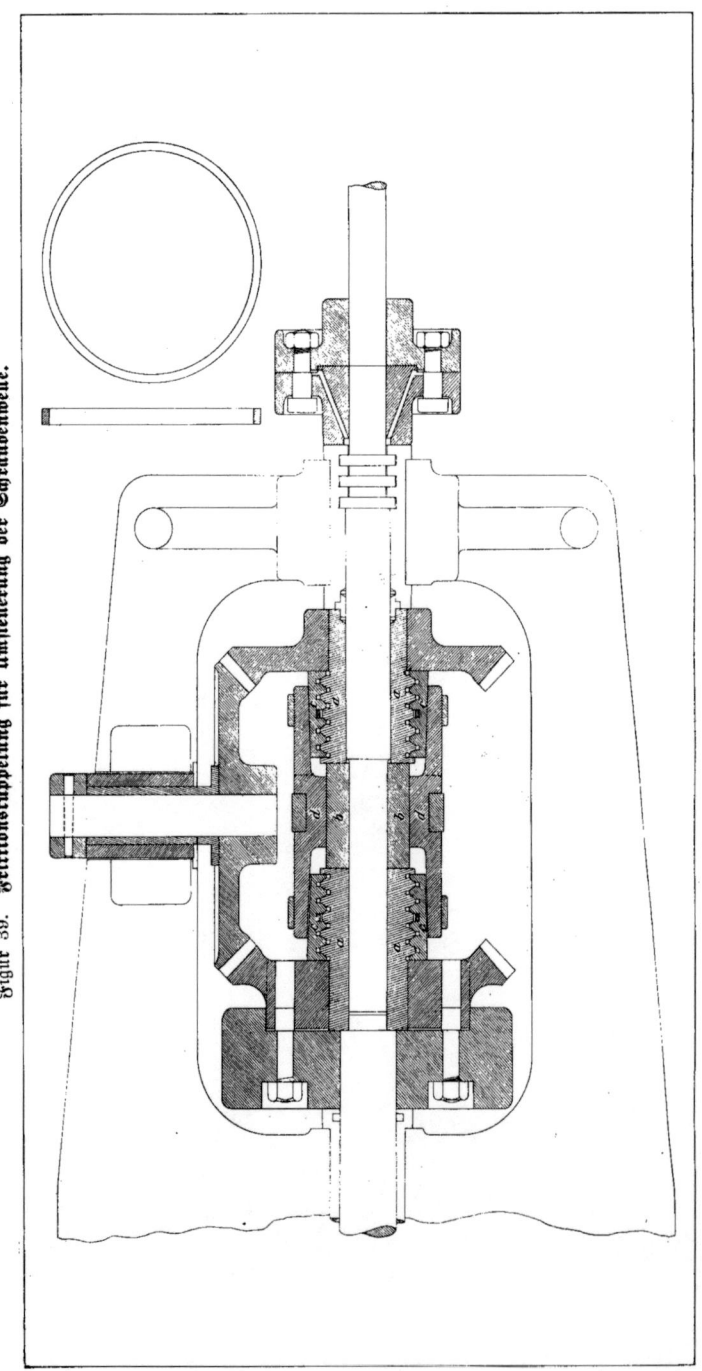

Figur 39. Frictionskuppelung für Umsteuerung der Schraubenwelle.

angewendet, wie auch bei dem in Figur 38 und 39 auf Seite 91 und 92 dargestellten, auf Seite 83 schon erwähnten, Verfahren geschehen ist.

Unter Bezugnahme auf die dort gemachten Angaben und auf Figur 38 und 39 ist über die Friktionskuppelung das Folgende anzuführen:

Die Stücke **a** in Figur 39 auf Seite 92 sind mit der Schraubenwelle nicht fest verbunden. Sie laufen lose, bis die Schiebermuffe **d** fest auf **c** gedrückt und dadurch die Friktionskuppelung hergestellt wird.

Die Teile **d** sind mit der Schraubenwelle durch zwei Nuten verschiebbar verbunden.

Die Teile **c**, Friktionsbacken genannt, werden aus drei Stücken an jeder Seite gebildet. Sie liegen auf den Teilen **a** und werden durch je einen Federring von **a** gelöst, wenn sie nicht bremsen.

Die Muffe **d** ist mit **b** durch zwei Nuten verbunden. Die Teile **c** sind wiederum durch drei Nuten mit **d** verbunden.

Steht die Muffe **d** in der Mitte, so läuft die Schraubenwelle lose; die Maschine läuft leer.

Wird die Muffe **d** nach vorne oder hinten geschoben, so drückt **d** auf **c** und **c** auf **a**. Die Schraubenwelle läuft vorwärts, wenn **d** nach vorne, nach rückwärts, wenn **d** nach hinten geschoben wird.

Wird **d** nach hinten geschoben, so dreht sich zuerst das vordere Rad in Figur 38. Dieses dreht das Seitenrad und das Seitenrad dreht wiederum das hintere Rad. Mit dem hinteren Rade dreht sich die Schraubenwelle. Sie macht also eine Bewegung, welche der des vorderen Rades entgegengesetzt ist, das heißt, sie bewegt die Schraube im Rückwärtsgang.

Die Schraubenwelle kann also gesteuert werden auf:
1) Vorwärtsgang, oder
2) Rückwärtsgang, oder
3) Nullstellung, bei der der Motor von der Schraube losgekuppelt ist und leer läuft.

Figur 40. Umsteuerbare Schraubenflügel mit Durchbohrung der Schraubenwelle. System Weihe.

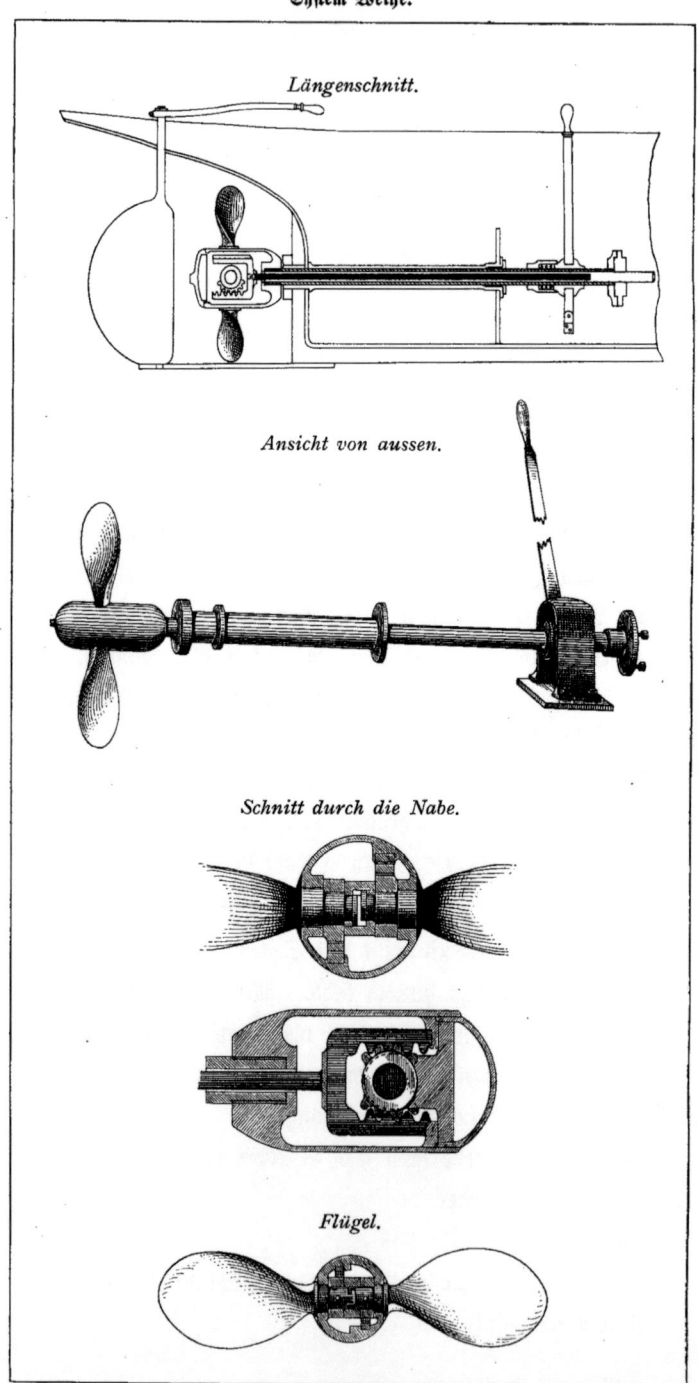

Die Umsteuerung der Schraubenflügel mit Durchbohrung der Schraubenwelle.

Die Umsteuerbarkeit der Schraubenflügel mit Durchbohrung der Schraubenwelle, ebenfalls vielfach patentiert, beruht überall darauf, daß die Schraubenflügel mit einer durch die hohle Welle geführten Stange eingestellt werden können auf:

1) Vorwärtsgang, oder

2) Rückwärtsgang, oder

3) Segelstellung, d. h. in die Längenrichtung des Schiffes.

Es ist zu unterscheiden:

a. der hinter dem Hintersteven, also außenbords, liegende Teil;

b. der im Fahrzeug oder Boot liegende Teil.

Der außenbords liegende Teil.

Bei Daevels System trägt die Zugstange an ihrem äußersten Ende kleine Hebel, welche mit an den Flügelzapfen sitzenden Kurbeln verbunden sind und die Drehung der Flügel bewirken. Die Schraubennabe ist geteilt, um die Flügel einlagern zu können.

Bei dem in Figur 40 auf Seite 94 dargestellten System von Kapitän Max Weihe in Hamburg dreht eine mit der Zugstange verbundene, handartige Zahngabel die Flügel.

Carl Meißner in Hamburg bewirkt die Drehung der Flügel durch Scheibenflansche, auf denen die Flügel befestigt sind. Sein System ist in Figur 41 auf Seite 97 dargestellt. Ein Kreuzschieber ist zwischen den Scheibenflanschen so angeordnet, daß sich eine Kurbelschleife im Scheibenflansch befindet und daß ein Kurbelzapfen im Kreuzschieber liegt. Kurbelschleifen und Kurbelzapfen greifen so ineinander, daß die Schraube durch die mit dem Kreuzschieber verbundene Zugstange auf Segelstellung und auf jede Vorwärts= und Rückwärtsgangart gestellt werden kann.

Der im Fahrzeug oder Boot liegende Teil.

Bei vielen älteren Konstruktionen ist die Schubstange durch einen Keil mit einer Hülse verbunden, welche die Schraubenwelle umschließt. Durch einen Schlitz in der Welle und Schubstange, und durch einen dazu passenden Keil, ist es möglich, die Schubstange vermittelst eines Stellhebels ohne Einfluß auf die Schraubenwelle vorwärts und rückwärts zu schieben. Ein Führungsschlitz in einer durchbohrten Welle ist aber ebenso bedenklich wie ein Flachkeil durch eine höchstens 20 mm starke Zugstange, auf welcher der Wasserdruck ruht. Das Wellendrucklager kann nämlich bei umsteuerbaren Flügeln mit Durchbohrung der Schraubenwelle den Druck nur teilweise abfangen, weil ein Teil dieses Drucks von den Flügeln durch die Zugstange auf den Flachkeil geleitet wird.

Bei Meißners Vorrichtung in Figur 41 auf Seite 97 wird der Keil und der Schlitz in der Welle durch einen Steigungseinsteller ersetzt. Der auf die Schraube wirkende Wasserdruck verteilt sich auf die beiden Steuerspindeln. Diese endigen in dem Schraubendrucklager. In der Darstellung ist A der Steigungseinsteller. B ist die Verbindungswelle, welche die Schraube mit dem Motor in Verbindung bringt, und das Flügeldrucklager mit Steuerung. C ist das Schraubenwellendrucklager. Der Ausschlag der Flügel wird durch Einstellmuttern auf den Steuerspindeln begrenzt. Dadurch wird eine Entlastung des Druckes auf die Kurbelzapfen in der Schraubennabe bewirkt. Da Stellmuttern und Spindeln völlig frei liegen, läßt sich eine Vermehrung oder Verminderung der Steigung der Schraubenflügel während des Betriebes herstellen. Dadurch ist die Möglichkeit gegeben, die Kraftleistung der Maschine während sie läuft beliebig zu ändern.

Von allen Einrichtungen und Erfindungen dieser Art, deren es in allen Seestaaten gibt, ist die Meißnersche ohne Frage die beste und vollkommenste.

Figur 41. Umsteuerbare Schraubenflügel mit Durchbohrung der Schraubenwelle. System und Patent Meißner.

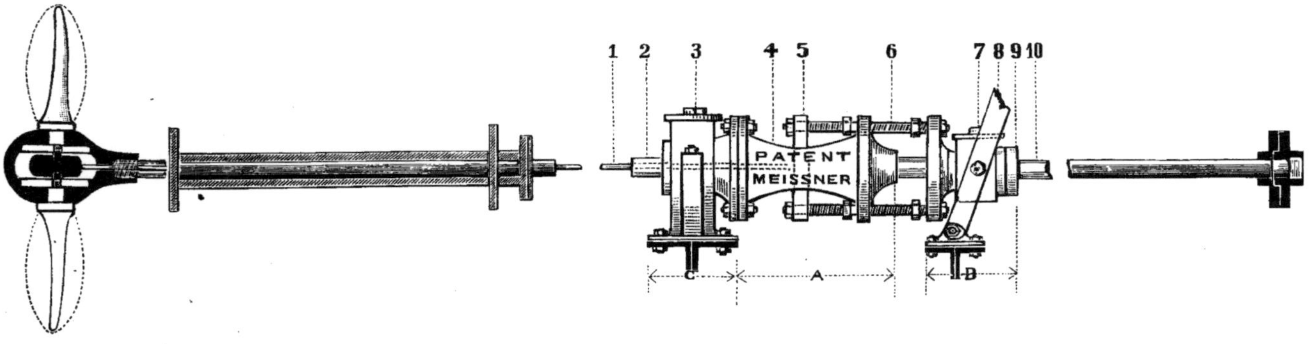

1 Schubstange. — 2 durchbohrte Welle. — 3 Schraubenwellendrucklager. — 4 Schiebersteuerung. — 5 Schieberbalken. — 6 Steuerspindeln mit Einstellmuttern. — 7 bis 9 Flügeldrucklager. — 10 Massive Welle.

Die Umsteuerung der Schraubenflügel ohne Durchbohrung der Schraubenwelle.

Der außenbords liegende Teil.

Bei der in Figur 42 und 43 auf Seite 99 und 100 dargestellten Schraube mit umsteuerbaren Flügeln ohne Durchbohrung der Welle können die Flügel eingestellt werden auf:

1) Vorwärtsgang, oder
2) Rückwärtsgang, oder
3) Segelstellung, d. h. in die Längenrichtung des Schiffes.

Die Schraubenwelle **a** in Figur 42 und 43 ist nicht durchbohrt. Das Stevenrohr **b** ist nach hinten verlängert und mit einem Kragen **c** versehen, der das Drucklager für den Rückwärtsgang bildet. Der Flansch **d** ist das Drucklager für den Vorwärtsgang. Der Ring **e** ist aus Pockholz. Er dient zur Verminderung der Reibung. Die Schraubenflügel **f**, **f**^{1} sind an den Nabenenden mit Zähnen versehen. Diese Zähne greifen in die doppelte Zahnstange **g**. Diese Zahnstange ist von außen rund und gleitet in der Schraubennabe **j**. Diese ist an dem Ende, das nach dem Steven hin liegt, mit einem Kragen **q** versehen. Dieser Kragen umschließt das Ende des Stevenrohrs. Er wird von **c** und **e** geführt. Die Zahnstange ist an dem Ende, welches nach den Drucklagern hin liegt, durchbohrt und mit der Schraubenwelle verbunden. Diese Verbindung ist durch einen Bolzen **h** hergestellt, der an beiden Enden über die Schraubennabe vorsteht. Die Nabe ist mit einer Hülse **i** versehen, welche das Eindringen von Schmutz, zum Teil auch von Wasser, verhindert. Denselben Zweck hat die Kappe **k**. Der Bolzen **l** hält die Schraubenflügel zusammen. Er hat an der einen Seite den Kopf **m**, an der anderen nimmt er den Stift **n** auf. Der Bolzen **l** und die Buchse **o** stützen die Schraubenflügel. Man steuert die Flügel um, indem man die Schraubenwelle aus- und einzieht. Die Schraubennabe wird, während dies geschieht, von dem Stevenrohr festgehalten. Wenn die Schraube auf Rückwärtsgang

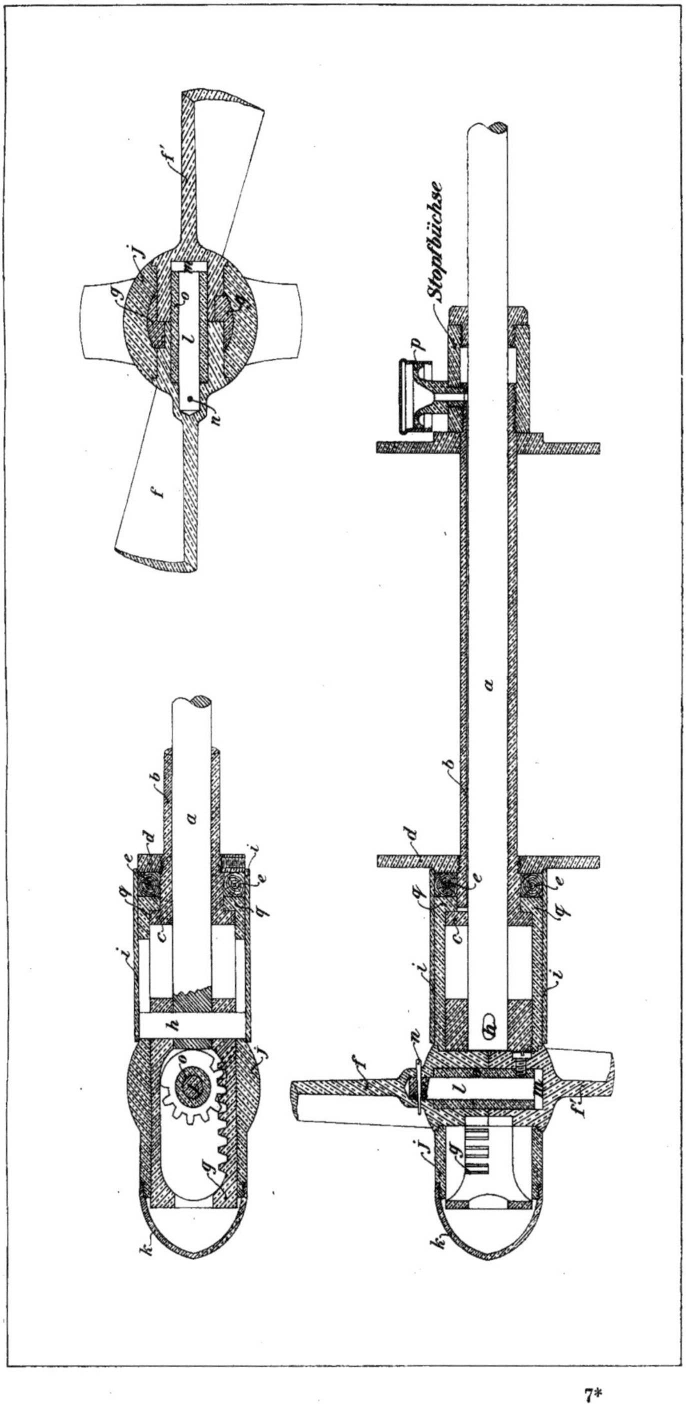

Figur 42. Umsteuerbare Schraubenflügel ohne Durchbohrung der Schraubenwelle.

Figur 43. Umsteuerbare Schraubenflügel ohne Durchbohrung der Schraubenwelle.

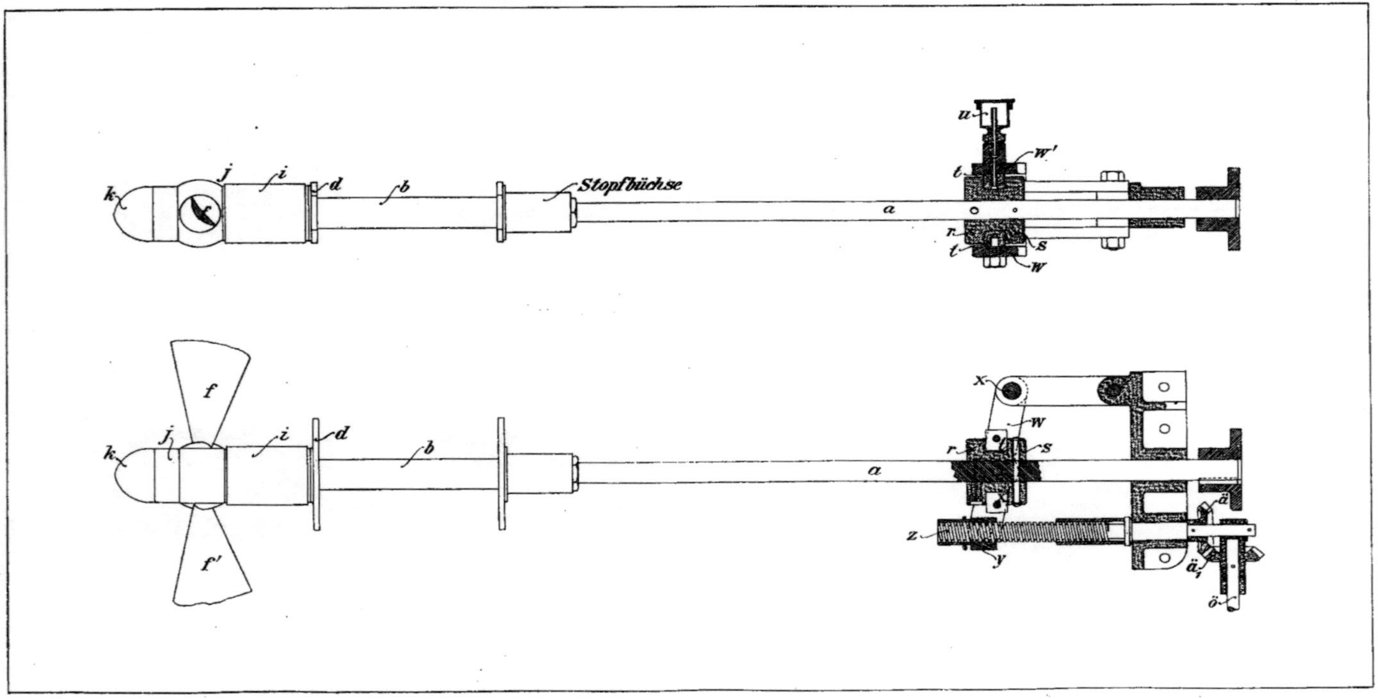

eingestellt ist, befindet sich die Zahnstange dicht hinter dem Hintersteven. In Figur 42 auf Seite 99 ist die Schraube auf Vorwärtsgang eingestellt. Die Drucklager werden durch das Wasser außenbords geschmiert. Die übrigen Teile werden durch einen Kanal in dem Stevenrohr b und durch das Schmiergefäß p mit konsistentem Fett geschmiert.

Der im Fahrzeug oder Boot liegende Teil.

Die Verschiebung der Welle a geschieht durch den in Figur 43 auf Seite 100 dargestellten Apparat. Auf der Welle a sitzen die Kragen r und s. Zwischen diesen Kragen sitzt der Halsring t mit dem Schmiergefäß u. Der Halsring t wird durch ein Paar Arme w w^1 bewegt. Der eine dieser Arme ist mit dem einen Ende bei x befestigt, der andere Arm umschließt mit einem Ende die Schraubenmutter y. In dieser Schraubenmutter sitzt die doppelläufige Schraube z. Sie wird durch die konischen Zahnräder ä $ä_1$ bewegt. Diese werden wieder durch das auf einer Welle sitzende Handrad ö betrieben, das man auf Deck oder unten im Boot anbringt. Die Schraubenwelle wird durch Drehung des Handrades ö eingezogen oder ausgeschoben je nachdem die Schraube vorwärts oder rückwärts laufen soll; sie läuft aber leer bis die zwischen Schraubenwelle und Kurbelwelle eingeschaltete, aus Figur 43 ersichtliche, einfache Friktionskuppelung beide Wellen verbindet.

Die Schraubenwelle kleiner Motoren, z. B. der Motorbeibootsmotoren von 1,5 bis 2,5 Pferdestärken, kann man mit einer einfachen Hebelstange einholen und ausschieben. Bei ganz großen Motoren sind dagegen zum Einholen und Ausschieben der Schraubenwelle noch mehr mechanische Hülfsmittel nötig, als die in Figur 43 dargestellten.

Die Vorteile und Nachteile
zweier und mehrerer Schraubenflügel, sowie der festen und der verstellbaren Schraubenflügel.

1) Die feste Schraube wird man stets zweiflügelig wählen müssen. Drei und mehr Flügel werden zwar unter Umständen

mehr wirken als zwei; der dritte und vierte Flügel beeinträchtigen aber die Fahrt und die Manövrierfähigkeit unter Segel. Ein Mittel dagegen ist, daß man die Schraube beim Segeln von der Maschine loskoppelt und sie lose mitlaufen läßt. Bei flauem Wetter wird sich aber die Schraube nicht oder kaum drehen.

Die Schraube mit zwei Flügeln läßt sich beim Segeln so stellen, daß der Hintersteven sie deckt, wodurch die Behinderung im Steuern und Segeln beseitigt wird.

Da der Gang der festen Schraube durch eine Friktionskupplung der Wellen leicht umgesteuert werden kann, tut man gut, bei größeren Fahrzeugen eine feste zweiflügelige Schraube mit Friktionskupplung zu wählen.

2) Die Schraube mit umsteuerbaren Flügeln, gleichviel ob mit durchbohrter oder voller Welle, hat den Nachteil, daß der an der Schraubennabe liegende, leicht verletzbare, Teil der Umsteuerungsvorrichtung schwer zugänglich ist. Ein Fahrzeug muß trocken fallen, wenn Reparaturen nötig werden.

Dieser Übelstand fällt bei Booten, die man leicht aus dem Wasser nimmt, nicht ins Gewicht.

Hat man umsteuerbare Schraubenflügel, so kann man jeden Flügel auswechseln. Bei fester Schraube muß die ganze Schraube gewechselt werden, wenn sie beschädigt ist. Da man einen Flügel leichter und mit geringeren Kosten ersetzen und auswechseln kann, als die ganze Schraube, so verdienen die umsteuerbaren Flügel in dieser Hinsicht den Vorzug vor der festen Schraube mit umsteuerbarer Welle.

Für offene Boote ist aus diesen Gründen die Schraube mit umsteuerbaren Flügeln vorzuziehen. Zwei Flügel sind auch hier besser als drei oder mehr, weil sie möglich machen, die Flügel so zu stellen, daß sie beim Rudern und Segeln nicht hindern.

3) Ob man, wenn man sich für die umsteuerbaren Flügel entschieden hat, die Welle mit oder ohne Durchbohrung anwendet, muß Gegenstand besonderer Überlegung sein.

Je kleiner das Fahrzeug oder Boot und je schwächer die Maschine ist, desto schwächer wird die Schraubenwelle und desto unzweckmäßiger ihre Durchbohrung. Aus diesem Grunde empfiehlt sich für kleine Boote, besonders für Motorbeiboote, die undurchbohrte Welle.

4) Da es für Fischerfahrzeuge desto weniger nötig wird, mit der Schraube rückwärts zu arbeiten, je schwächer der Motor ist, wird in vielen Fällen ernstlich zu überlegen sein, ob man nicht auf die Umsteuerung ganz verzichtet und die Schraube nur auf Vorwärtsgang einrichtet. Das Einfachste ist stets das Beste; besonders aber an Bord von Seefischereifahrzeugen.

Die Aufstellung des Motors und seine Behandlung.
Bezugsquelle und Einbau.

Die erste Bedingung für das gute und sichere Arbeiten eines Motors ist ein von einer Spezialfabrik gelieferter guter, solider und ganz einfacher Motor.

Der beste Motor wird aber nicht gut wirken und die Schraube wird das Fahrzeug oder Boot nicht mit hinreichender Geschwindigkeit treiben, wenn der Motor nicht richtig eingebaut ist. Die Größe und Form des Schraubenloches, die Lage der Schraube zum Hintersteven und Ruder, die Form des Ruders sind von größter Bedeutung. Der Motorbauer muß sich daher den Anordnungen und Anforderungen des Schiffbauers fügen, wenn der Einbau Erfolg haben soll.

Aufstellung.

Von der Besatzung eines Fahrzeuges, das mit einem Motor versehen wird, müssen mindestens der Führer (Schiffer) und der Bestmann den Motor genau kennen. Am besten ist, daß sie in der Fabrik seinen Bau kennen lernen und daß sie später bei dem Einbau zugegen sind, um von dem Monteur eingehend und genau belehrt zu werden.

Figur 44. Petroleummotor „Alpha".

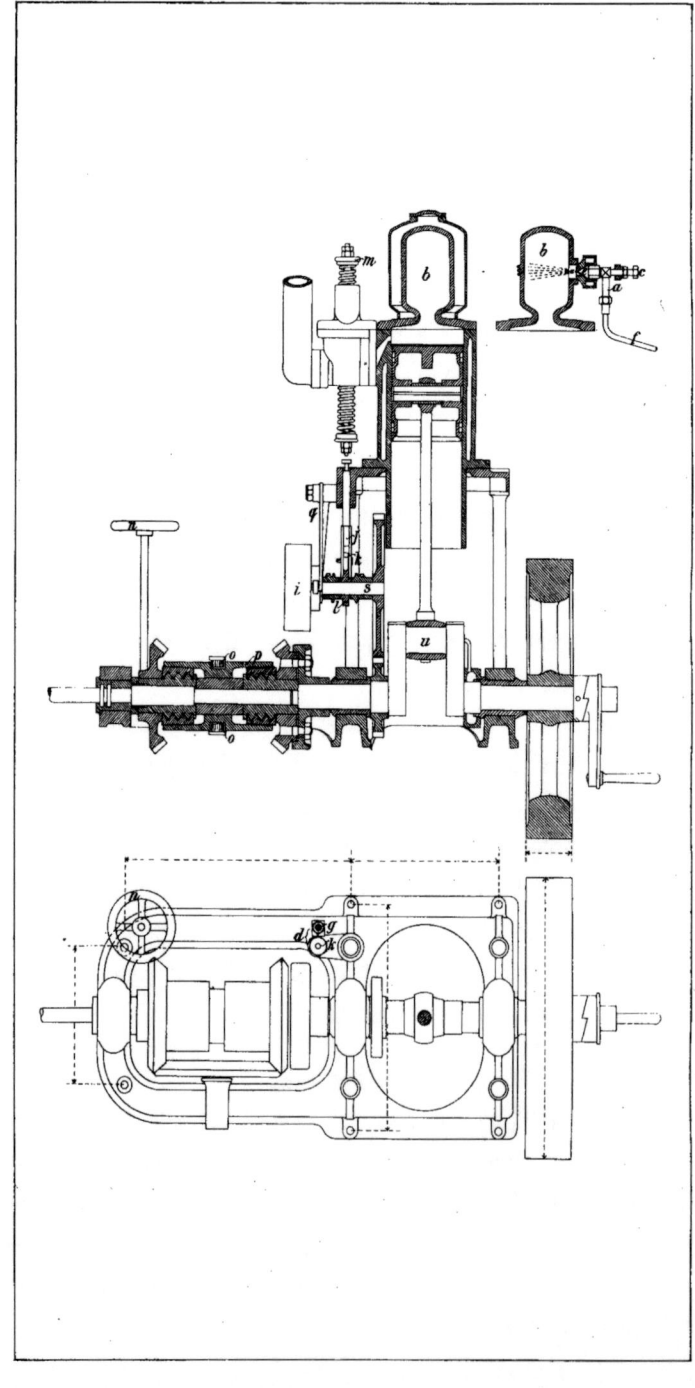

Bei der Probe zur Abnahme des Motors sollte derselbe für einige Zeit außer Betrieb gesetzt, auseinander genommen und dann unter Leitung des Monteurs von der Besatzung wieder zusammengesetzt werden.

Wartung.

Erste Bedingung ist die Verwendung guten Petroleums und guten Schmiermaterials. Sehr wichtig ist gutes Schmieröl für die Cylinder. Man verwende nur Öl, das von dem Fabrikanten empfohlen ist. Es darf bei der hohen Temperatur im Motorcylinder nicht verdampfen und nicht so stark zersetzt werden, daß die Zersetzungsprodukte die Cylinder- und Kolbenwände angreifen. Bei Verwendung guten Schmieröls bleibt die Cylinder- und Kolbenfläche blank. Zieht man den Kolben unmittelbar nach Anhalten des Motors heraus, so soll die Cylinderfläche und die Kolbenfläche mit einer dünnen Ölschicht überzogen sein. Alle Kolbenringe sollen beweglich sein. Wird ungeeignetes Öl verwendet, so haben Cylinder und Kolben eine Rostschicht, der obere Teil des Kolbens und des Cylinders sind trocken, die oberen Kolbenringe sitzen fest. Solches Öl darf nicht weiter verwendet werden. Man kann damit den Motor in wenigen Wochen zu grunde richten.

Anweisung
für die Ingangsetzung des Petroleummotors „Alpha".

Wenn der Motor nach längerer Zeit zum ersten Mal in Betrieb gesetzt werden soll, muß die Kompression geprüft werden. Jeder zweiten Umdrehung mit der Handkurbel muß der Kolben Widerstand entgegensetzen, weil er die Luft zusammendrückt.

Der Einspritzungswinkel **a** in Figur 44 auf Seite 104 muß aus dem Vergaser **b** herausgenommen werden. Dies geschieht, indem man die Spannschraube **c** losschraubt, beide Muttern auf dem Spannschraubenstück **e** löst und zurückdreht, so daß der Winkel **a** frei wird. Man nimmt ihn nun heraus, überzeugt sich davon, daß genügend Petroleum im Behälter ist und daß der Hahn unter dem Behälter offen ist. Dann bewegt man die Petroleumpumpe **d** solange mit der Hand, bis der Strahl aus der Spitze **c** in kurzen abgebrochenen Stößen kommt, wie sie der Bewegung der Pumpe **d** mit der Hand entsprechen. Erweist sich die Pumpe auf diese Weise als nicht in Ordnung, so kann sich Luft in dem Steigerohr **f** befinden. Man schraube nun die Mutter über der Pumpe los, nehme das Steigerohr **f** ab und pumpe so lange, bis aus der Pumpe keine Luftblasen mehr kommen. Jetzt schraube man das Rohr wieder

Figur 45. Blaselampe „Vesuvius".

ein und wiederhole den ersten Versuch. Arbeitet die Pumpe noch nicht, so ist Schmutz im Ventil, der entfernt werden muß. Nimmt man die Pumpe zur Reinigung auseinander, so muß man jeden einzelnen Teil vor dem Zusammensetzen sorgfältig reinigen und abtrocknen. Man nimmt dazu ein staubfreies Tuch, niemals Twist. Packung wird nur gebraucht, um das Saugeventilhaus in das Pumpengehäuse einzuschrauben. Etwas Flachsgarn mit Bleiweiß eingeschmiert wird um das Einsatzstück gelegt.

Ist die Pumpe in Ordnung, so wird die Blaselampe angezündet und so an den Vergaser gestellt, daß die Heizflamme sich in demselben befindet.

Die zum Betrieb der Alpha-Motoren meistens benutzte Blaselampe ist schwedischer Konstruktion und Herstammung. Sie ist in Figur 45 auf Seite 106 dargestellt. Die Abhitze der Flamme wird dazu benutzt, im Innern des Brennerrohres, vor der Mündung, Dampf aus Petroleum zu bilden. Luftdruck im Behälter drängt das flüssige Petroleum zurück. Es entweicht daher Petroleumdampf aus der Mündung. Die Flamme bildet sich erst in einem Abstande von der Mündung nach der Mischung des Dampfes mit Luft. Bei Ingangsetzung der Lampe ist das Folgende zu tun:

1) Man füllt sie mit Petroleum durch das Füllloch **a**, das man dann wieder luftdicht verschraubt.

2) Man füllt die Schale **b** bis zum Rand mit denaturiertem Spiritus. (Man kann auch Petroleum an Stelle des Spiritus in die Schale gießen. Dann muß man aber Docht in die Schale legen, weil ohne diesen die Füllung nicht brennt.)

3) Man zündet den Spiritus in der Schale an.

4) Wenn der Spiritus in der Schale nahezu ausgebrannt ist, aber nicht früher, schließt man das Ventil **c** und pumpt in der Weise, daß man die Pumpenstange **d** bei jedem Hub herauszieht und dann kräftig einschiebt, bis das Ausströmen des Petroleumdampfes durch ein sausendes Geräusch erkennbar wird.

Inzwischen hat man die Heizflamme angezündet.

5) Wenn der Spiritus in der Schale ausgebrannt ist, verstärkt man die Flamme durch vermehrtes starkes Pumpen.

---

*) Der Fabrikant schreibt die Füllung der Schale mit Spiritus vor.

6) Eine Verkleinerung der Flamme bewirkt man durch das Ventil c, durch welches man soviel von der eingepumpten Luft entweichen läßt, als nötig ist. Darauf schließt man das Ventil schnell wieder ab.

7) Will man die Lampe löschen, so öffnet man das Ventil c und läßt es offen stehen.

8) Solange die Lampe nicht benutzt wird, muß das Ventil c offen sein und die Pumpenstange darf nicht bewegt werden.

9) Verlöscht die Lampe im Betrieb und wird der Druck nicht abgenommen, so strömen explosionsgefährliche Dämpfe aus. Die Lampe muß daher bewacht werden, so lange sie unter Deck brennt.

10) Die Regulierung der Heizflamme geschieht also durch die Pumpe und das Ventil; d. h. die Flamme wird vergrößert durch das Pumpen, sie wird kleiner in dem Verhältnis, in welchem das Ventil mehr oder weniger geöffnet oder geschlossen wird.

11) Bleibt die Flamme, trotz reichlichen Petroleums im Behälter, klein, so muß das Mündungsloch e mit einem Reinigungsdraht gereinigt werden. Ein Streichholz muß bereit sein, und die Flamme muß sofort wieder angezündet werden, wenn sie während der Reinigung erlischt.

12) Steigt und sinkt die Flamme schnell, so ist zu wenig Petroleum im Behälter. Dies darf nicht vorkommen, denn sonst verlöscht die Flamme. Ist sie verlöscht, so entweicht Dampf durch das Mundstück. Um dies zu verhindern, muß das Ventil c schnell geöffnet werden.

Ist die Blasenlampe in Betrieb, so werden die Schmiergänge untersucht. Das Ölschmiergefäß wird gut, bis ein Stück über die darin mündenden Rohre, gefüllt. Regulator, Lager und alle beweglichen Teile werden geschmiert. Die Ingangsetzungsvorrichtung am Ventilheber **j** wird eingestellt, sodaß die Rolle **k** beide Ansätze auf dem Exzenter *l* in Figur 44 mitnimmt. Man bewege den Regulator **i** und das Lufteinströmungsventil **m**.

Ist der Vergaser heiß geworden, wozu eine Zeit von 10 bis 15 Minuten nötig ist, so sehe man durch das Einspritzungsloch nach der gegenüberliegenden Seite in den Vergaser. Ist sie rotglühend, so bringt man das Einspritzungsventil **a** an seinen Ort. Nun macht man mit der Pumpe **d** einen Schlag mit der Hand. Dann dreht man den Motor schnell mit der Handkurbel um. Läuft er, so setzt man die Ingangsetzungsvorrichtung außer Betrieb. Schließlich setzt man die Schraube in Gang und entfernt die Lampe, denn in dem Vergaser hält sich jetzt die für den Betrieb nötige Temperatur durch die Explosionen.

Die Einkoppelung der Schraube muß durch eine ziemlich kräftige und schnelle Drehung des Handrades **n** bewirkt werden. Gleich darauf muß soviel zurückgedreht werden, daß die Rolle **o**, welche die Muffe **p** führt, frei wird.

Das Anhalten des Motors geschieht durch die Stellschraube an dem Petroleumpumpenkolben. Sobald der Motor steht, bringt man die Pumpe in die alte Lage, d. h. man schraubt sie dicht; aber nicht so dicht, daß das Pumpenbalancier **q** in der Bewegung gehindert wird. Die Gegenmuttern zieht man gut an, während man die Stellschraube festhält.

Reinigung.

1) Sorgfältige Reinhaltung des Motors und seiner einzelnen Teile ist notwendig.

Wenn Kolben und Cylinder unsauber werden, so läuft die Maschine schwer. Die Reinigung geschieht am besten mit Stearinöl und Spiritus.

2) Zur Reinigung des Kolbens sind die Ringe abzunehmen. Diese Arbeit ist mit größter Vorsicht auszuführen. Vor allem dürfen die Ringe nicht weiter auseinander gebogen werden, als zum Abstreifen nötig ist, damit sie nicht verbogen werden.

Gleiche Vorsicht ist beim Wiedereinsetzen der Ringe und des Kolbens nötig.

3) Damit nicht dem Petroleum beigemengte fremde Teile in die Maschine kommen, ist vor dem Zuflußrohr in jedem Petroleumtank ein Sieb angebracht. Für Reinhaltung dieses Siebes ist zu sorgen.

Betriebsstörungen.

1) **Der Motor versagt den Dienst bei der Ingangsetzung; es knallt zur Zeit der Zündung aus dem Auspuffrohr.**

Ursache:

Festsitzendes oder undichtes Ausströmungsventil.

Hülfsmittel:

a. Gangbarmachen des Ausströmungsventils durch Eintröpfeln von Petroleum.

b. Herausnehmen des Ausströmungsventils, Beseitigung etwa festgeschlagener Fremdkörper von der Schleiffläche des Ventilkegels oder des Ventilsitzes.

Erklärung:

Schließt das Ausströmungsventil nicht vollkommen dicht, so gelangt ein Teil der unentzündeten Ladung während des Kompressionshubes in das Auspuffrohr. Erfolgt dann die Zündung, so teilt sich dieselbe durch die Undichtigkeit des Ausströmungsventils dem Inhalt des Auspuffrohres mit, die Verbrennungsprodukte fahren mit mehr oder weniger starkem Knall aus dem Rohr heraus, der Kolben erhält keinen Antrieb und der Motor kann nicht in Gang kommen.

2) Der Motor versagt bei der Ingangsetzung; die Zündungen erfolgen in größeren Zwischenräumen und die Antriebe reichen nicht hin, den Motor auf die normale Umdrehungszahl zu bringen.

Ursachen:

a. Die Ausströmungsventilfeder ist gebrochen, oder zu schwach gespannt.

b. Der Vergaser ist nicht genügend warm.

c. Der Petroleumgehalt des Gemisches ist zu gering.

Hülfsmittel:

Zu a: Nachspannen der Ausströmungsventilfeder. Beobachten des Ventils während des Ansaugehubes. Solange noch Vibrationen der Ventilspindel zu sehen oder zu fühlen sind, ist die Feder noch nicht genügend gespannt.

Zu b: Beobachtung und Verbesserung der Blaselampenflamme. — Neues Anheizen des Vergasers.

Zu c: Ändern des Gemisches durch Verstellen der Petroleumzufuhr.

Erklärung:

Zu a: Ist die Feder des Ausströmungsventils zu schwach gespannt, so wird letzteres, ebenso wie das Einströmungsventil durch die Saugwirkung des Kolbens bei jedem Ansaugehub geöffnet. Außer der Ladung werden daher vom Auslaß her Luft oder Verbrennungsprodukte eingesogen, die das Gemisch verdünnen und unentzündbar machen. Die verdünnte Ladung wird also unverbrannt in das Auspuffrohr geschoben. An Stelle der sonst im Laderaum verbleibenden Verbrennungsprodukte findet sich daselbst unverbranntes dünnes Gemisch vor, welches sich während des nächsten Ansaugehubes mit dem neu eingenommenen starken Gemisch vereinigt. Durch das angesogene Ausströmungsventil treten bei dieser Ansaugung nun aber nicht mehr Luft oder Verbrennungsgase, sondern es tritt dünnes Gemisch ein. Nach diesem zweiten Saugehub findet sich also schon stärkeres Gemisch im Verbrennungsraum, welches nach jeder weiteren Ansaugung reicher wird und schließlich entzündbar ist. Mit der einzelnen nun folgenden Kraftäußerung treten die Verhältnisse der Gemischbildung dann wieder in das Anfangsstadium zurück; es werden wieder vier, sechs oder mehr Umdrehungen erfolgen müssen, bis sich zündbares Gemisch gebildet hat und ein neuer Antrieb erfolgt. Je nachdem die Feder mehr oder weniger schwach gespannt ist, umfaßt die einzelne Periode mehr oder weniger Fehlgänge des Motors.

Zu b: Ist der Vergaser zu schwach erhitzt, so ist der normale Gehalt der Ladung an Brennstoffdämpfen nicht ausreichend, damit die Entzündung an den Wandungen vor sich gehen kann. Auch hier findet, ähnlich wie zu a beschrieben, nach jeder ausbleibenden Zündung eine Anreicherung des Gemisches mit Brennstoffdämpfen statt. Für das reichere Gemisch genügt dann auch der schwach erhitzte Vergaser und es treten periodische Fehlgänge ein.

Zu c: Ist das Gemisch zu schwach, weil die Petroleumzufuhr zu sehr beschränkt wurde, so kann auch hier die allmähliche Steigerung des Gemisches bis zur Entzündbarkeit stattfinden.

3) Der Motor versagt bei der Ingangsetzung. Es zischt im Vergaser während des Kompressionshubes.

Ursache:
Der Vergaser ist nicht dicht aufgeschraubt.

Hülfsmittel:
Vorsichtiges Nachziehen der Befestigungsschrauben.

4) **Erschwertes Anlassen.** Es zischt während des Kompressionshubes im Cylinder. An der Fuge zwischen Kolben und Cylinder bilden sich Blasen.

Ursache:
Undichter Kolben.

Hülfsmittel:
Starkes Schmieren des Kolbens mit dickflüssigem Öl; schnelles Andrehen. Wenn dies nicht hilft: Einsetzen neuer Kolbenringe.

Erklärung:
Die Kolbenringe, der Kolbenkörper und die Cylinderbohrung nutzen sich mit der Zeit ab. Eine zwischen Cylinderwand und Kolben eintretende Undichtigkeit vermindert die Saugewirkung stark. Zu der geringen Menge angesaugten Gemisches tritt Beiluft von außen und es entsteht schwaches, schwer zündbares Gemisch. Außerdem geht noch ein beträchtlicher Teil des Gemisches bei dem Kompressionshub durch die Undichtigkeit des Kolbens verloren. Die Kompression selbst kann vielleicht nicht mehr so hoch steigen, daß zündbares Gemisch bis an die Wände des Vergasers kommt. Gießt man nun dickflüssiges Öl auf die Dichtfuge und dreht man das Schwungrad möglichst schnell, so kann die erweiterte Fuge zwischen Kolben und Cylinderwand für kurze Zeit ausgefüllt werden; die Saugewirkung wird kräftiger, die Kompression kann sich in genügender Stärke halten, damit die Zündung erfolgt. Nimmt der Motor dann nach einigen Zündungen schnellere Gangart an, so wird die Zeit für das Eindringen von Beiluft und für das Entweichen des Gemisches immer kürzer, der Mangel macht sich weniger bemerkbar und der Motor beginnt regelmäßig zu arbeiten. — Seine volle Kraft kann der Motor mit undichtem Kolben nicht mehr äußern. Er gebraucht trotzdem aber viel Brennstoff. Außerdem erhitzen sich Cylinder- und Kolbenwand durch die an den undichten Stellen hindurchströmenden heißen Verbrennungsprodukte stark;

das Schmieröl wird nach außen getrieben, der Kolben läuft trocken und der Motor geht schnellem Verderben entgegen, wenn die Kolbenringe nicht rechtzeitig erneuert werden.

5) **Der Motor bleibt während des Betriebes stehen.**

Ursache:
Warmlaufen eines Lagers oder des Kolbens infolge mangelhafter Schmierung.

Hülfsmittel:
Durch Anfühlen ermittelt man das etwa warm gelaufene Lager. Ist alles kalt, so kann der Kolben trocken gelaufen sein; oder die Pleyelstange kann auf dem Bolzen im Kolben festsitzen.

Erklärung:
Das Warmlaufen der Lager kann hervorgerufen sein durch zu festes Anziehen der Deckelschrauben oder durch unzureichendes Schmieren, durch Verstopfung der Schmiergefäße u. s. w. Die Untersuchungen sind demgemäß vorzunehmen.

6) **Der Gang des Motors ist unregelmäßig. Es bleiben Zündungen aus***).

Ursache:
Es wird zu wenig Petroleum zugeführt.

Hülfsmittel:
Die Zufuhr muß durch richtige Einstellung der Pumpe neu reguliert werden.

7) **Der Gang des Motors ist unregelmäßig; er läuft zeitweise schnell und langsam.**

Ursache:
Mangelhafte Beweglichkeit des Regulators.

---

*) Es tritt also ein ähnlicher Zustand ein, wie auf Seite 111 unter 2c angegeben ist.

Hülfsmittel:

Änderung der Federspannung des Regulators. Beseitigung verdickten Schmieröls durch Einträufeln von Petroleum.

8) Der Motor äußert wenig Kraft; der Auspuff ist schwach und lang gezogen.

Ursachen:

a. Verengung des Auspuffrohres durch Ölkohle.
b. Die Feder des Einströmungsventils ist zu stark gespannt.

Hülfsmittel:

Zu a: Beseitigung der Verstopfungen.

Hülfsmittel:

Zu b: Berichtigung der Federspannung.

Erklärung:

Zu a: Durch die Verengung der Auslaßwege entsteht nicht nur ein hemmender Gegendruck während des Auspuffhubes, sondern es bleiben auch erheblich mehr Rückstände im Verbrennungsraum und es wird weniger Gemisch angesogen. Alles dies führt zur Bildung schwacher Ladungen, die langsam brennen, wenig Kraft erzeugen und Brennstoff vergeuden.

Erklärung:

Zu b: Durch zu starkes Anziehen der Feder des Einströmungsventils wird bewirkt, daß der Motor weniger Ladung einnimmt; das Ventil öffnet sich später und schließt sich früher; die Zeit für die Gemischeinnahme wird also kürzer.

9) Es erfolgen Stöße im Motor. Der Stoß wiederholt sich bei jedem Arbeitshub.

Ursachen:

a. Die Befestigung des Schwungrades hat sich gelockert.

b. Es treten Vorentzündungen der Ladung auf, weil die Entzündungstemperatur des Brennstoffes niedriger ist, als die Kompressionstemperatur.

Hülfsmittel und Erklärung:

Zu b: Bei hoher Kühlwassertemperatur kann die Kompressionstemperatur höher sein, wie die Entzündungstemperatur des Gemisches. Dann erfolgt eine Entzündung der Ladung, bevor die Kurbel den toten Punkt überschritten hat. Die Folge ist das Stoßen des Motors.

Die Ursache kann in Verwendung eines spezifisch schweren Petroleums liegen. Man schafft Abhülfe, indem man das Gemisch stark kühlt und drosselt, ohne Änderung der Zusammensetzung. Man vermindert also Luft- und Brennstoffzufuhr.

10) Es knallt aus dem Auspuffrohr.

Ursache:

Entzündung des Gemisches während des Ansaugehubes an den noch brennenden Resten der im Arbeitsraum verbliebenen Verbrennungsrückstände.

Hülfsmittel:

Mehr Brennstoff und weniger Luft zuführen.

Erklärung:

Wurde versäumt, das Gemisch nach dem Anlassen richtig einzustellen, so bildet sich, nachdem der Motor seine volle Geschwindigkeit aufgenommen hat, schwaches, langsam brennendes Gemisch, dessen Verbrennung noch im Gange ist, während neue Ladung angesogen wird. Die neue Ladung entzündet sich bei ihrer Berührung mit den glimmenden Resten, also zu einer Zeit, da das Einströmungsventil noch geöffnet ist, und die Verbrennungsprodukte fahren mit mehr oder weniger starkem Knall zum Auspuffrohr hinaus.

11) Bei einem zweicylindrigen Motor wird der Vergaser eines Cylinders kalt, sodaß nur ein Cylinder arbeitet.

Ursache:

Unzureichende Zufuhr von Petroleum nach dem Vergaser des einen Cylinders.

Hülfsmittel:

Den Vergaser wieder anheizen und die Zufuhr von Petroleum besser regulieren.

Erklärung:

Wurde versäumt, die Pumpen beider Cylinder zu regulieren, so kann der Fall eintreten, daß der eine Cylinder außer Arbeit kommt und von dem anderen mitgeschleppt wird.

Warnung:

Dies ist einer der gefährlichen Fälle, in denen sich explosions- und feuergefährliche Dämpfe im Maschinenraum ansammeln. Die Pumpe des ohne Arbeit mit herumgeschleppten Cylinders pumpt nämlich Petroleum in den zwar nicht mehr glühenden, aber noch warmen Vergaser. Dieses Petroleum wird zum Teil in Dampf verwandelt. Dadurch entsteht eine erhebliche Explosions- und Feuersgefahr. Man sorge also im Betrieb stets mit größter Sorgfalt dafür, daß Petroleumdämpfe im Maschinenraum nicht entstehen und daß Petroleum dort nicht verschüttet wird.

Gefahren und Vorsichtsmaßregeln.

Die Arbeit des Petroleummotors besteht in regelmäßig auf einander folgenden Explosionen, welche der Stärke der Maschine angepaßt sind. Eine Explosionsgefahr im Motor selbst besteht also nicht. Mit der Bedienung des Motors, mit der Aufbewahrung und dem Transport des Petroleums ist aber eine Explosions- und Feuersgefahr verbunden.

Man hat also zu unterscheiden zwischen Explosionsgefahr und Feuersgefahr.

Explosionsgefahr.

1) Ähnlich wie in den Kohlenbunkern der Dampfer muß man in den Maschinenräumen und in den Petroleumtanks der Motorfahrzeuge damit rechnen, daß sich Dämpfe bilden, welche durch Berührung mit einer offenen Flamme explodieren.

Im Maschinenraum bekämpft man die Explosion am besten durch ein kräftiges Absaugen der Dämpfe, also durch gute Ventilation.

2) Die Explosionsgefahr in den Tanks wächst nicht mit der Größe des Inhalts, sondern mit der Größe der von Petroleum benetzten Fläche. In einem ganz oder teilweise leeren Tank sind aber die über dem flüssigen Inhalt liegenden Teile stets von Petroleum benetzt.

Die Explosionsgefahr in den Tanks wächst ferner mit der Temperatur.

Man bekämpft sie also am besten, indem man die Tanks an möglichst kühlen Orten unterbringt.

Feuersgefahr.

Verschüttetes Petroleum breitet sich leicht über große Flächen aus und durchtränkt leicht brennbare Stoffe. Es erzeugt Brände desto leichter, je höher die Temperatur des Raumes ist, in dem es verschüttet wurde, und je niedriger sein Entflammungspunkt liegt. Siehe Seite 73 bis 75.

Niedrige Temperatur im Maschinenraum und Verwendung **von gutem Petroleum vermindern** daher die Feuersgefahr.

Vorsichtsmaßregeln.

Die Vorsichtsmaßregeln gegen Explosionen und Brände erstrecken sich auf:

    a. die baulichen Einrichtungen;
    b. den Betrieb.

Die baulichen Einrichtungen.

Die für die Sicherheit nötigen baulichen Einrichtungen werden sich zum größten Teil nur bei Neubauten treffen lassen. Sie bestehen in folgendem:

Maschinenraum.

1) Der Raum sollte wasserdicht abgeschottet sein und im Fall von Explosion oder Feuer schnell unter Wasser gesetzt werden können.

2) Seine Auskleidung mit Eisenblech, das über einer Asbestschicht liegt, ist nötig.

3) Gute künstliche Ventilation ist nötig zur Kühlhaltung des Raumes und zur Explosions- und Brandverhütung.

Aufbewahrungsgefäße (Tanks).

1) Die Tanks müssen aus Kupfer öldicht hergestellt und innen verzinnt sein.

2) Sie müssen außerhalb des Maschinenraumes liegen.

3) Daß sie bei Explosion oder Feuer unter Wasser gesetzt werden können, ist erwünscht.

4) Die Rohrleitungen von den Tanks nach der Maschine müssen sehr sorgfältig gearbeitet sein. Die Leitungen müssen von Deck aus abgestellt werden können. Die Absperrvorrichtungen müssen in den Tanks, oder in dem Tank, nicht in den Leitungen liegen.

Der Betrieb.

1) Man verwende gutes, gereinigtes Petroleum.

2) Man bewahre Petroleum nie in offenen Gefäßen auf.

3) Man vermeide sorgsam das Verschütten von Petroleum. Ist Verschüttung eingetreten, so stelle man die Ursache sofort fest.

4) Man überwache die Verbindungsstellen der Leitungsrohre und Tanks auf Undichtigkeiten sorgfältig.

5) Man gehe im Maschinenraum mit offenen Flammen sehr sorgfältig um.

6) Die Laternen zur Beleuchtung des Maschinenraumes versehe man mit gutem Verschluß; man hänge sie außerdem sorgfältig auf.

7) Man leuchte in einen teilweise entleerten Tank oder in ein Petroleumfaß nicht mit offenem Licht.

8) Man sorge für guten Auspuff.

9) Man lasse eine brennende Blaselampe nie ohne Aufsicht.

10) Mit Öl getränkte Twist=Lappen bewahre man nur in eisernem Tank auf.

Wir schließen diesen Abschnitt mit der Erzählung eines Unfalles, der sich auf einem dänischen Motorkutter zutrug und der beweist, wie notwendig die Absperrvorrichtungen in den Petroleumtanks sind und wie vorsichtig man mit der Blaselampe umgehen muß.

Am 14. Juli 1902, um 6 Uhr nachmittags, verläßt der Kutter Frederikshavn, um im Skagerak zu fischen. Schiff dicht und gut ausgerüstet. Wind westlich. Abends 9 Uhr wird wegen Gegenwind unter Skagen geankert.

Dienstag, den 15. Juli, ist der Wind West, flau, gutes Wetter. Um 3 Uhr morgens wird Anker aufgegangen und um Skagen gesteuert. Es wird westwärts aufgekreuzt bis gegen Höjen hin. Da es flauer wurde, wird der Motor in Gang gesetzt und mit der Hülfsschraube bis zur Höhe von Hirtshals gelaufen. Zwischen 10 und 11 Uhr abends wird der Motor gestoppt, weil der Wind auffrischt. Um Mitternacht wird es wieder flau. Die Maschine wird wieder in Gang gesetzt, bis um 4 Uhr morgens auf dem Fangplatz in 40 m Tiefe geankert wird.

Die Jolle wird ausgesetzt, der Jollenmotor wird in Betrieb gesetzt. Zwei Mann gehen in die Jolle, um die Wade aus=

zufahren. Ein anderer Mann der Besatzung geht jetzt in den Maschinenraum und zündet die Blaselampe zur Anwärmung des Vergasers an. Dann geht er wieder an Deck und läßt die brennende Blaselampe unbewacht zurück. Nach einer kurzen Zeit geht er wieder unter Deck, um zu sehen, ob der Vergaser hinreichend angewärmt ist, damit der Motor zum Einhieven der Wade in Betrieb gesetzt werden kann. Er findet die Blaselampe gelöscht. Sobald er Spiritus aus einer Flasche auf die Schale der Blaselampe gießt, ohne noch ein Streichholz zum Anstecken des Spiritus anzuzünden, schlägt eine Flamme hoch und der ganze Maschinenraum steht in Flammen. Dabei geht weder die gläserne Spiritusflasche zu Bruch, noch wird ihr Inhalt entzündet. Mit verbranntem Haar und einer verbrannten Hand erreicht der Mann mit Mühe und Not das Deck. Nun explodiert der 1,2 m vor der Maschine angebrachte Petroleumtank, das Zuführungsrohr wird unter Deck geworfen, das brennende Petroleum fließt in die Segelkoje*). Das Feuer schlägt gleich aus der Kappe heraus. Der ganze Kutter und seine Takelage steht in Flammen. Nachdem die Jolle an Bord zurückgekehrt ist und an mehreren Stellen Löcher in Deck geschlagen sind, wird man nach vier Stunden des Feuers Herr und kehrt nach Frederikshavn zurück.

Der Grund des Unfalles war folgender:

Die Blaselampe war ausgegangen, aber unter Druck geblieben, während der Mann, welcher sie angezündet hatte, an Deck war. Die Petroleumdämpfe der Lampe sind also, so lange die Lampe nicht brannte, in den Maschinenraum ausgeströmt. Als der Mann wieder unter Deck ging, die Lampe verlöscht fand und Spiritus in die Schale goß, war diese noch so heiß, daß der Spiritus ohne Streichholz aufflammte. Nun explodierte der aus der Lampe in den Maschinenraum geströmte Petroleumdampf.

---

*) Die Segelkoje liegt auf dänischen Kuttern auf dem Bünndeck, dicht vor der Maschine.

Der Benzinmotor.

Der Benzinmotor unterscheidet sich in seiner Arbeitsweise nicht von dem Petroleummotor. Er ist ihm grundsätzlich gleich. An Stelle des explosiblen Gemenges von Petroleumdampf mit Luft tritt ein Gemenge von Benzindampf mit Luft.

Der Benzinmotor findet in neuester Zeit in offenen Booten viel Verwendung. Im ganzen aber mehr in Lust- und Sportbooten, als in Arbeitsbooten.

Wo der Benzinvorrat in geschlossenen Räumen aufbewahrt werden muß, ist er für die Verwendung in der See- und Küstenfischerei zu explosions- und feuergefährlich. Siehe Seite 73. Dies trifft nicht nur in gedeckten Fahrzeugen zu, sondern auch für den Betrieb der Motorbeiboote, deren Vorrat an Bord der Fahrzeuge aufbewahrt werden muß.

Der Vorteil des Benzinmotors dem Petroleummotor gegenüber liegt hauptsächlich darin, daß bei jenem die Zündung elektrisch, also ohne Blaselampe, bewirkt werden kann. Vom Beginn des Anlassens bis der Motor läuft, vergeht im Durchschnitt nur eine Minute. Das Anheizen des Vergasers eines Petroleummotors erfordert dagegen 10 bis 15 Minuten. Siehe Seite 109. Rechnet man dazu 5 Minuten für Inbetriebsetzung der Blaselampe, so vergehen 15 bis 20 Minuten bis der Motor läuft.

Andererseits ist aber die elektrische Zündung teuer und schwer in Stand zu halten. Erfahrungen darüber, wie weit sie für Seefischereifahrzeuge brauchbar ist, fehlen noch.

In den Vereinigten Staaten von Nordamerika sind Gasolinmotore*) sehr in Aufnahme gekommen. Die „Massachusetts-Fish-Commission" sagt in ihrem letzten öffentlichen Bericht, daß Gasolin-

---

*) Gasolin ist ein dem Benzin sehr ähnliches flüchtiges Öl. Siehe Seite 73.

motore in der Fischerei große Zukunft haben, und daß die größten Bankfischereifahrzeuge*) sie als Hülfsmaschinen gebrauchen können.

In der französischen Seefischerei geht man in neuester Zeit zur Verwendung von Petroleummotoren mit Hülfsschrauben über.

In kleinen Fischerorten wird übrigens die Beschaffung von Benzin nicht immer leicht sein.

---

*) Die auf den Neufundland-Banken fangenden Schoner.

Der Spiritusmotor.

Der Spiritusmotor unterscheidet sich in seiner Arbeitsweise nicht von dem Petroleummotor und von dem Benzinmotor. Die Verwandtschaft ist so groß, daß man einen Motor konstruieren kann, der mit Petroleum, oder mit Benzin, oder mit Spiritus läuft.

Man kann auch jeden Petroleummotor in einen Spiritusmotor umändern.

Ein Vergleich des Petroleummotors mit dem Spiritusmotor ergibt folgendes:

1) Der Spiritusmotor hat doppelt soviel Wärmeausnutzung wie der Petroleummotor, weil er:

a. weit höhere Kompression zuläßt*),

b. schon bei niedrigen Temperaturen genügend Spiritus=dampf von der Luft aufgenommen wird und der Spiritusdampf sich daher nicht an den Wandungen des Motors niederschlägt, sondern fast vollständig verbrennt.

2) Will man die günstigen Eigenschaften des Spiritus ausnutzen, so darf man nicht Motoren bauen, die ohne Änderung mit Spiritus oder Petroleum betrieben werden. Es würde dann für den Betrieb mit Spiritus der gleiche Kompressionsgrad wie für Petroleum angewendet werden. Der Spiritusmotor muß aber mit einem höheren Kompressionsgrad gebaut werden.

3) Der Betrieb eines Spiritusmotors mit reinem Spiritus ist besser als der Betrieb mit Benzolspiritus. Bei Verwendung von Benzolgemischen verschmutzt nämlich der Motor, während er bei Verwendung von Spiritus völlig rein bleibt. Außerdem werden die Benzolgemenge im Winter dickflüssig und geben so zu Betriebsstörungen Anlaß. Siehe Seite 77.

---

*) Bei Petroleum ist die obere Grenze von $e = 4$. Bei Spiritus ist e bis über 10. Siehe Seite 86.

4) Spiritus ist im Betrieb reinlicher als Petroleum. Bei unvollständiger Verbrennung des Petroleums verrußen und verschmutzen die Petroleummotoren im Innern und müssen oft gereinigt werden*). Ihr Auspuff enthält teerartige Ausscheidungen. Bei dem Spiritusmotor dagegen bleibt das Innere und der Auspuff rein, die Auspuffgase sind praktisch geruchlos.

5) Die Spiritusmotoren aller bekannten Systeme werden mit Benzin angelassen, um die Mischung zündfähig zu machen. Um die schädliche Bildung von Essigsäure zu vermeiden, muß man den Spiritusmotor auch vor Außerbetriebsetzung eine Zeit lang mit Benzin laufen lassen. Man hat also in dem Spiritusmotor die Explosions- und Feuersgefahr des Benzins; man hat aber auch die Vorteile des Benzinbetriebes, indem man elektrisch zünden kann. Siehe Seite 73 und 122.

Durch Anwendung einer Vorwärmung mit Blaselampe und Vergaser würde man das Anlassen mit Benzin ersetzen können. Dieser Betrieb bringt aber erhöhte Feuersgefahr.

Aus alledem geht hervor, daß der Spiritusmotor nicht allzu viel Vorzüge hat. Zunächst ist auch ein Spiritusmotor noch nicht gebaut und noch nicht auf See versucht, der dieselbe Einfachheit und Sicherheit in Betrieb und Bedienung aufweist, wie der dänische Motor System „Alpha" und andere dänische Systeme.

Der weiteren Entwickelung des Spiritusmotors darf man mit Spannung entgegensehen. Man hat aber zu bedenken, daß die Maschinenbautechnik den Spiritus als Brennstoff nicht herangezogen hat. Die Spiritusfabrikanten bemühen sich vielmehr, die Technik zur Verwendung des Spiritus zu veranlassen.

---

*) Die unvollständige Verbrennung tritt ein, wenn Fehler bei der Bedienung gemacht wurden, z. B. wenn der Vergaser nicht heiß genug oder wenn die Petroleumzufuhr nicht in Ordnung ist.

Vergleiche zwischen Motor und Dampfmaschine.

Für große Schiffsmaschinen ist die durch Dampf angetriebene Schraube am besten und auch am billigsten. Die Zweckmäßigkeit des Motors beginnt erst dort, wo die Dampfmaschine, der zu geringen Kraftleistung wegen, unökonomisch wird.

Die Verwendung eines Petroleummotors bietet der Dampfmaschine gegenüber folgende Vorteile:

1) Der Motor beansprucht viel weniger Raum als Dampfmaschine und Kessel.

2) Der für den Betrieb einer Dampfmaschine auf eine gegebene Zeitdauer nötige Vorrat an Steinkohlen nimmt viel mehr Raum in Anspruch, als der für den Betrieb eines gleich starken Petroleummotors für die gleiche Zeitdauer nötige Vorrat an Petroleum.

3) Das Gewicht von Dampfmaschine und Kessel ist viel größer, als das Gewicht eines gleich starken Petroleummotors.

4) Das Dampfaufmachen der Dampfmaschine erfordert über eine Stunde Zeit, während die Inbetriebsetzung des Petroleummotors nur 15 bis 20 Minuten dauert.

5) Dampfmaschine und Kessel bedürfen dauernder Überwachung und erfordern einen Maschinisten zur Bedienung, während den Petroleummotor die seemännische Besatzung überwachen und bedienen kann.

6) Der Rauch aus dem Schornstein der Dampfmaschine schwärzt und verschleißt Segel und Takelage.

Nach alledem ist der Petroleummotor und der Motor überhaupt für den Kleinbetrieb nicht nur besser und praktischer, sondern auch billiger, als die Dampfmaschine.

Vorrat an Heizmaterial.

Wir nehmen an, daß ein Fischerfahrzeug mit Motor und Hülfsschraube den Motor 6 Stunden täglich in Betrieb hat. Wir nehmen ferner die Dauer seiner Fangreise zu 15 Tagen an. Und wir nehmen endlich an, daß der Motor für die Pferdekraft und Stunde 0,45 kg Petroleum verbraucht.

Dann ergibt sich der nötige Vorrat an Heizmaterial wie folgt:

Laufende Nr.	Stärke in effektiven HP	Nötiges Heizmaterial in kg
1	2,5	106
2	4	162
3	6	243
4	8	324
5	12	486
6	16	648

Man tut aber gut, den Vorrat mindestens auf das Doppelte der berechneten Zahl zu bemessen. Man kommt nämlich in der Regel mit 0,45 kg für die Pferdekraft und Stunde nicht aus. Außerdem ist ein Überschuß an Vorrat stets erwünscht.

Die Verbrauchszahl von 0,45 kg für die Pferdekraft und Stunde ist ein Durchschnittswert, dem normale Bedienung und normale Verhältnisse zu grunde liegen. Der Verbrauch wird nicht nur durch Bedienungsfehler, sondern auch durch die Belastung geändert. Verminderte Belastung bedingt nämlich vermehrten Verbrauch, wie die folgenden Zahlen ergeben*).

Verbrauch für die Pferdekraft und Stunde:

	Petroleum	Benzin	Spiritus
Vollast	0,330 kg	0,297 kg	0,365 kg
Halbe Belastung	0,492 „	0,434 „	0,507 „

---

*) Die Hauptprüfung von Spirituslokomobilen 1902. Prüfungsbericht erstattet von Professor Dr. Eugen Meyer, Charlottenburg. Berlin SW. 11. Deutsche Landwirtschaftsgesellschaft, Dessauerstraße 14. 1903.

Abmessungen und Gewichte verschiedener Größennummern des Petroleummotors „Alpha".

Effektive Pferdestärken	Motor mit einem Cylinder							Motor mit zwei Cylindern							Zahl der Schraubenumdrehungen in der Minute
	ohne Friktionskuppelung für Umsteuerung			mit Friktionskuppelung für Umsteuerung			Gewicht einschl. Schraubenwelle, Schraube und Umsteuerung	ohne Friktionskuppelung für Umsteuerung			mit Friktionskuppelung für Umsteuerung			Gewicht einschl. Schraubenwelle, Schraube und Umsteuerung	
	Länge m	Breite m	Höhe m	Länge m	Breite m	Höhe m	kg	Länge m	Breite m	Höhe m	Länge m	Breite m	Höhe m	kg	
1,25	0,79	0,47	0,84	0,80	0,47	0,84	200	—	—	—	—	—	—	—	450
1,5	0,81	0,51	0,95	1,00	0,51	0,95	240	—	—	—	—	—	—	—	440
2,5	0,84	0,51	1,02	1,00	0,51	1,02	385	—	—	—	—	—	—	—	425
4	1,34	0,79	1,50	1,65	0,79	1,50	750	—	—	—	—	—	—	—	350
6	1,42	1,02	1,57	1,73	1,02	1,57	1150	—	—	—	—	—	—	—	300
8	1,73	1,10	1,73	2,12	1,10	1,73	1900	1,81	0,71	1,50	2,05	0,71	1,50	1250	280 bei 1 Cylinder 350 bei 2 Cylindern
12	—	—	—	—	—	—	—	2,28	1,02	1,65	2,60	1,02	1,65	2200	300
16	—	—	—	—	—	—	—	2,36	1,10	1,73	2,68	1,10	1,73	2800	280 bis 300

Die effektive Pferdestärke verhält sich zu der indizierten = 2 : 3.

Nach Angabe der Fabrik sollen die kleinen Motoren 0,25 bis 0,5; die großen Motoren 1 bis 2 Pferdestärken mehr leisten, als in der Tafel angegeben ist. Dies läßt sich nur durch Messung der Kraftleistung an der Schraubenwelle mit einem Bremsdynamometer feststellen.

Dritter Teil.

Winden.

Allgemeines.

An Bord von Seefischereifahrzeugen und -Booten ist die Motorkraft zunächst wichtig für die Bedienung der Netze und anderer Fanggeräte.

Wir haben auf Seite 78 gesehen, daß man erst durch die Motornetzwinde zu der Hülfsschraube kam.

Hier wird nur von Winden die Rede sein, welche von Motoren getrieben werden können.

Die Winden dänischer Hochseekutter.

Es ist bereits auf Seite 79 erwähnt, daß der dänische Hochseefischereibetrieb in der Nordsee und im Kattegat hauptsächlich in dem Fang mit der Snurrwade besteht. Von dem in See verankerten Fahrzeug aus wird das Netz mit dem Beiboot ausgefahren und dann über den Grund an Bord geschleppt. Die Winde, welche zu diesem Betrieb benutzt wird, ist in Figur 46 auf Seite 134 dargestellt.

Die Winde steht längsschiffs, weil die Wade nach der Seite hin ausgefahren wird.

Der Motor steht im Hinterschiff, die Winde steht mehr oder weniger weit vor dem Motor.

Eine in der Längenrichtung des Fahrzeuges liegende Verbindungswelle hat an jedem Ende ein Zahnrad. Das hintere Zahnrad ist durch eine Gelenkkette mit der Motorwelle verbunden. Das vordere Zahnrad ist durch eine andere Gelenkkette mit der Windenwelle verbunden.

Durch eine Klaukuppelung kann die Winde in und außer Betrieb gesetzt werden, wenn der Motor läuft.

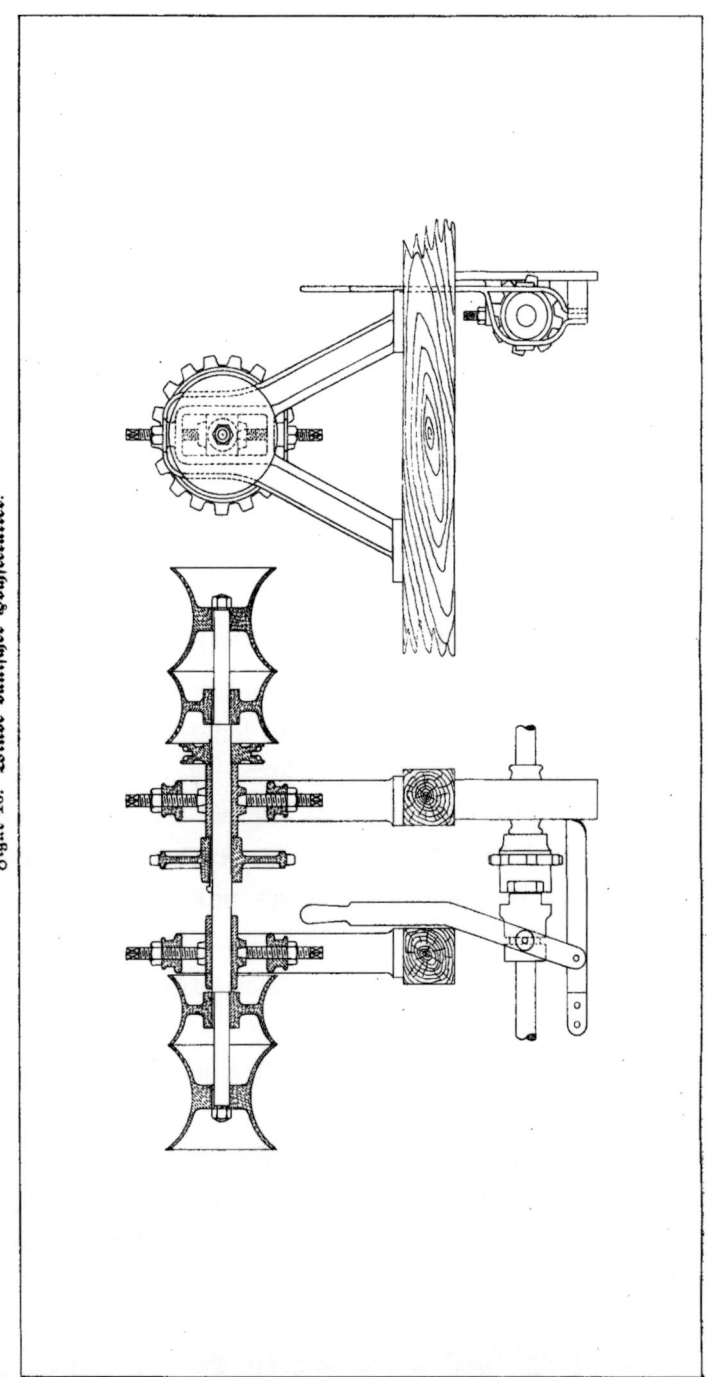

Figur 46. Winde dänischer Hochseekutter.

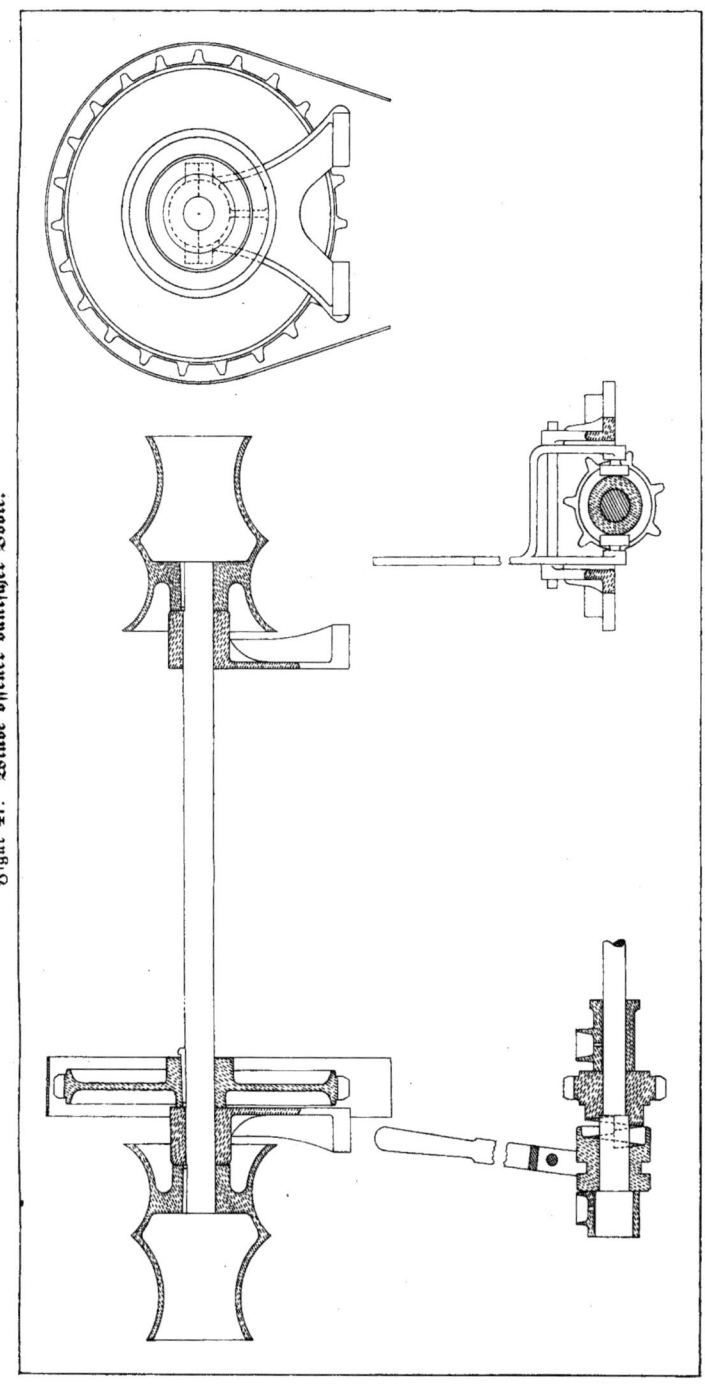

Figur 47. Winde offener dänischer Boote.

Die Welle hat zwei Köpfe an jeder Seite. Derjenige mit großem Durchmesser wird benutzt, wenn man schnell hieven will, der andere bei langsamerem Betrieb.

Die Einrichtung ist in dem vierten Teil durch eine weitere Darstellung erläutert. Wir kommen darauf zurück.

Die Winden offener dänischer Boote.

Die in Figur 47 auf Seite 135 dargestellte Winde offener dänischer Boote ist der in Figur 46 dargestellten für Kutter ganz ähnlich. Es ist kaum etwas dazu zu bemerken.

Die Winden deutscher Nordseekutter.

Die deutschen Fischkutter der Nordsee fangen:

a. mit dem Grundschleppnetz, welches das in Bewegung befindliche Fahrzeug über den Grund nachschleppt;

b. mit dem Heringshamen, den das in Bewegung befindliche Fahrzeug nachschleppt;

c. mit der auf Seite 133 beschriebenen Snurrwade.

Die für sie erforderliche, in Figur 48 und 49 auf Seite 137 und 139 dargestellte, Winde wurde im Jahre 1903 nach Angaben des Deutschen Seefischerei-Vereins konstruiert. Sie ist so eingerichtet, daß ihr oberer Teil hauptsächlich zum Snurrwadenbetrieb, ihr unterer Teil hauptsächlich zum Grundschleppnetzbetrieb benutzt werden kann.

Wird mit der Snurrwade gefischt, so wird die untere Welle ausgerückt. Wird mit dem Grundschleppnetz gefischt, so wird mit beiden Wellen gehievt.

Die in Figur 48 auf Seite 137 dargestellte Konstruktion erwies sich als zu schwach und in mancher Hinsicht unpraktisch.

Durch Beseitigung der Fehler und Schwächen entstand die Winde, wie sie in Figur 49 auf Seite 139 dargestellt ist. Über die Einzelheiten ist das Folgende anzuführen:

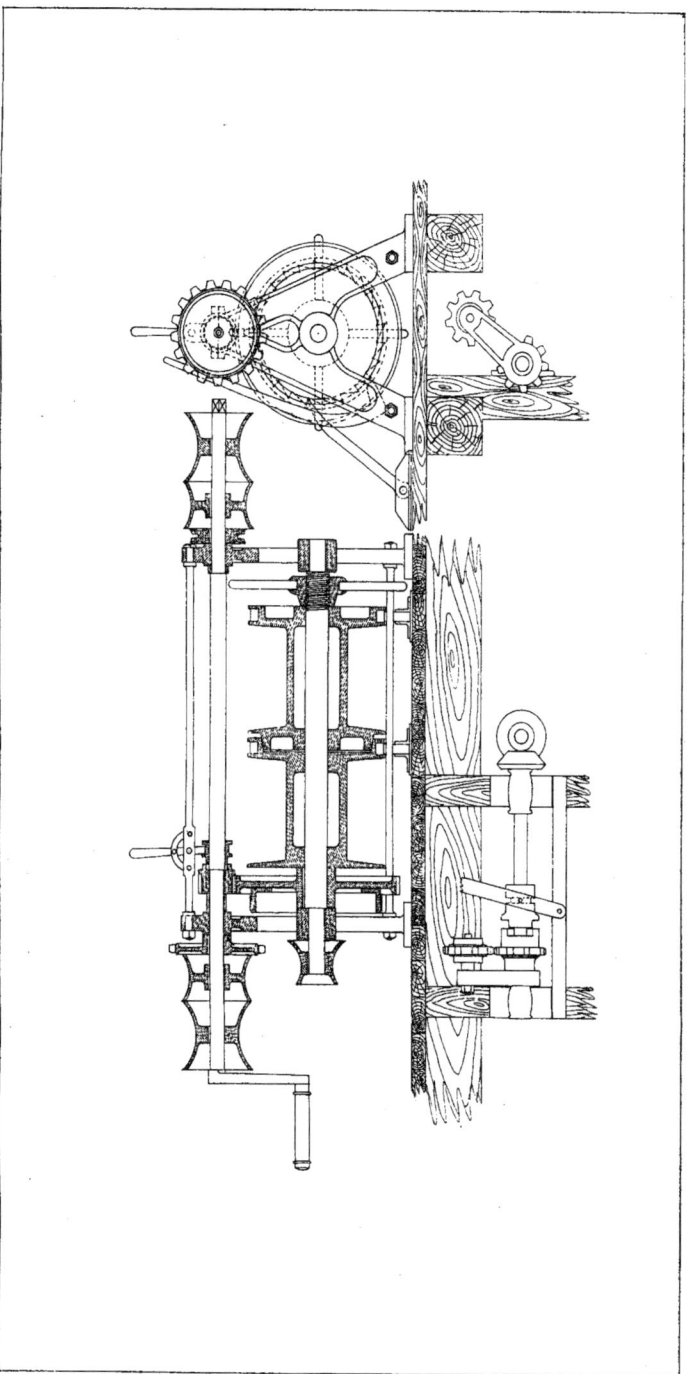

Figur 48. Winde deutscher Nordseekutter.

1) Die Winde steht querschiffs auf drei Böcken.

2) Zwei eiserne Wellen dienen zur Verbindung von Motor und Winde. Eine liegt längsschiffs, die andere querschiffs. Ein Zahnrad auf der Längsschiffswelle vor dem Motor verbindet durch eine Gelenkkette Motorwelle und Verbindungswellen. Ein anderes Zahnrad auf der Querschiffswelle hinter der Winde verbindet durch eine andere Gelenkkette Winde und Verbindungswellen.

3) Die aus Figur 48 ersichtliche einfache Klaukuppelung war für den Grundschleppnetzbetrieb nicht ausreichend. Sie wurde durch eine vor dem Motor liegende, von Deck aus bedienbare, schwere Friktionskuppelung ersetzt. Durch diese kann der Motor leicht und sicher ein- und ausgerückt werden, wenn das Grundschleppnetz eingehievt wird.

4) Die obere, schmiedeeiserne Windenwelle hat 55 mm; die untere Welle, aus Siemens-Martin-Stahl, hat 80 mm Durchmesser.

5) Jede Windenwelle und jede Trommel kann für sich aus- und eingerückt und mit dem Motor oder mit der Hand getrieben werden.

6) Jede der beiden Trommeln für den Grundschleppnetzbetrieb kann durch eine Bandbremse gebremst werden.

Bei Neubauten läßt sich vielleicht mit weniger Gewicht eine noch bessere Winde herstellen. Bei dieser wird man auch den doppelten Kopf für den Snurrwadenbetrieb, der jetzt wegfiel, wieder anbringen können.

Ankerwinde.

Durch Kabellarkette und Übersetzungsräder ist auf den deutschen Nordsee-Motorkuttern die Winde mit dem Ankerspill verbunden, so daß man mit dem Motor auch die Anker hieven kann.

Der im ersten Teil erwähnte Kutter „Albatroß" ritt einen schweren Sturm in der Nordsee am 21. November 1903, in dem vier andere Finkenwärder Kutter verloren gingen, ab. Er

Figur 49. Verstärkte und verbesserte Winde deutscher Nordseekutter.

steckte 60 Faden Ankerkette über den Bug aus und goß Öl zur Beruhigung der See über den Bug. Durch das mit dem Motor getriebene Ankerspill konnte er, als er so den Sturm abgeritten hatte und nach der Elbmündung abhielt, die Kette einhieven. Ohne Motor wäre das nicht möglich gewesen.

Auf die Notwendigkeit, die Ankerspille der deutschen Fischkutter überhaupt zu verbessern, wollen wir hier nicht eingehen.

Die ganze Windeneinrichtung der deutschen Nordsee-Motorkutter ist in dem vierten Teil durch eine weitere Darstellung erläutert. Wir kommen darauf zurück.

Die Winden deutscher Ostseekutter.

Die in Figur 50 auf Seite 141 dargestellte Winde für deutsche Ostseekutter wurde nach Angaben des Deutschen Seefischerei-Vereins im Jahre 1903 zu Frederikshavn in Jütland neu konstruiert. Die daselbst für den Verein erbauten Kutter „Memel" und „Köslin" sind mit einer solchen Winde versehen. Diese Winde ist, ähnlich wie die Winde der Nordseekutter, so eingerichtet, daß der obere Teil hauptsächlich für den Snurrwadenbetrieb, der untere hauptsächlich für die Zeesenfischerei dient.

Im übrigen ist das Folgende zu bemerken:

1) Die Winde steht längsschiffs.

2) Motor und Winde werden wie bei den deutschen Nordseekuttern durch Verbindungswelle und Gelenkketten mit einander verbunden.

3) Die Verbindung und Trennung von Motor und Winde geschieht durch eine Friktionskuppelung.

4) Zum Hieven der Anker ist Winde und Ankerspill durch Kabellarkette verbunden.

Auch diese Einrichtung erläutern wir durch eine weitere Darstellung im vierten Teil. Wir kommen darauf zurück.

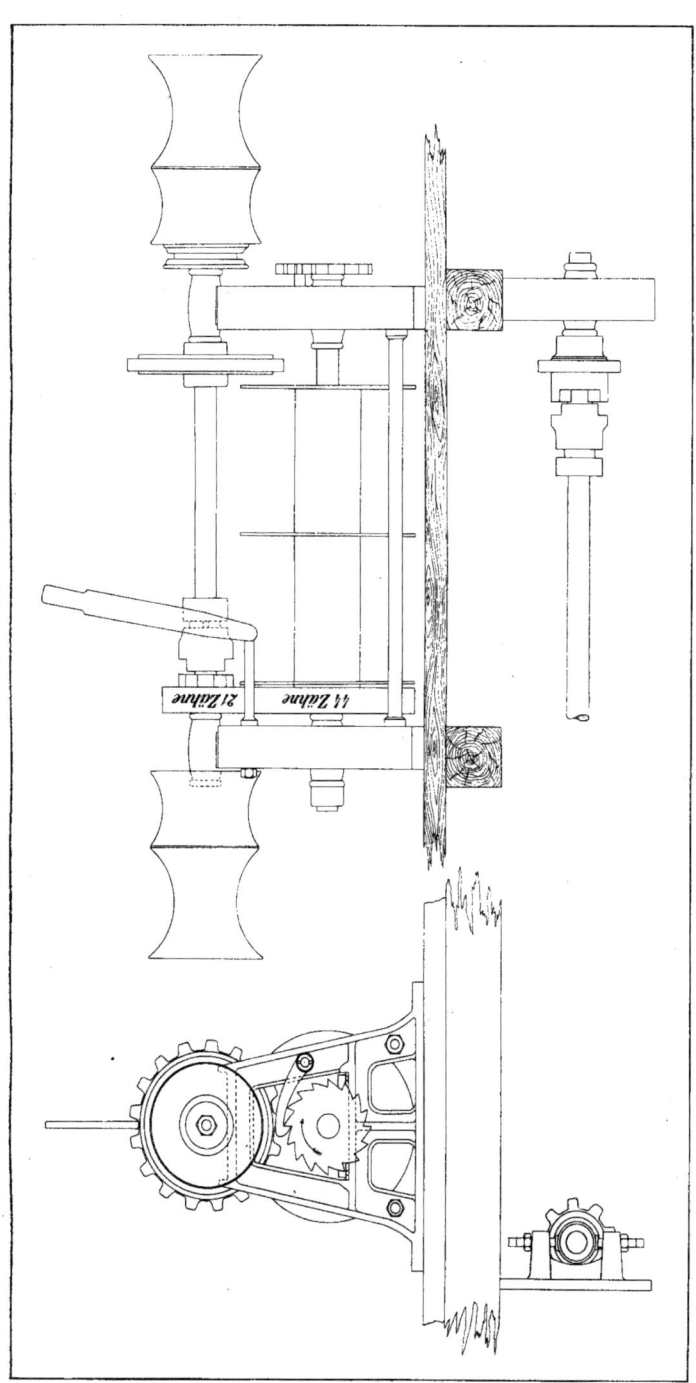

Figur 50. Winde deutscher Ostseekutter.

Vierter Teil.

Fahrzeuge und Boote
mit Hülfsmaschinen.

Fahrzeuge mit Petroleummotor und lose übergehängter Schraube.

Auf Seite 78 und 79 ist erwähnt worden, daß man in Dänemark den zum Treiben der Winde aufgestellten Motor zur Fortbewegung des Fahrzeuges in der Weise nutzbar machte, daß man ihn außer der Winde eine lose über das Heck gehängte Hülfsschraube treiben ließ.

In manchen dänischen Kuttern findet man noch jetzt diese Einrichtung, welche in Figur 51, 52 und 53 auf Seite 146, 147 und 148 dargestellt ist. Von dem Motor, der, wie erwähnt, ursprünglich nur zum Treiben der Netzwinde bestimmt war, führt eine Verbindungswelle über oder unter Deck nach dem Heck. Über das Heck wird eine Schraube in einem Rahmen gehängt. Dieser Rahmen wird von unten nach dem Hintersteven und nach der Bordwand hin durch Eisenstangen gestützt. Das innere Ende der Verbindungswelle wird durch Zahnräder und Gelenkkette mit der Motorwelle verbunden; das äußere (hintere) Ende der Verbindungswelle wird durch Zahnräder und Gelenkkette mit der übergehängten Schraube verbunden. Der laufende Motor setzt dann die übergehängte Schraube in Bewegung und treibt mit dieser das Fahrzeug. Da in Wellen, Rädern und Ketten sehr viel Kraft durch Reibung verloren geht, läßt sich große Geschwindigkeit auf diesem Wege nicht erreichen. Dennoch laufen einzelne Kutter bei Windstille mit dieser Schraube über 3 Knoten.

Wird die Schraube außer Betrieb gesetzt, so nimmt man den Rahmen und die Schraube an Deck.

Die Vorrichtung ist bei bewegter See nicht brauchbar, weil die See Rahmen und Schraube wegschlägt. Da nun ein Motor mit fest eingebauter Schraube nur wenig mehr kostet, als ein solcher mit lose übergehängter Schraube, und da die fest eingebaute Schraube bei jedem Zustand von See und Wetter benutzbar, endlich auch wirkungsvoller ist, als die lose übergehängte, geht

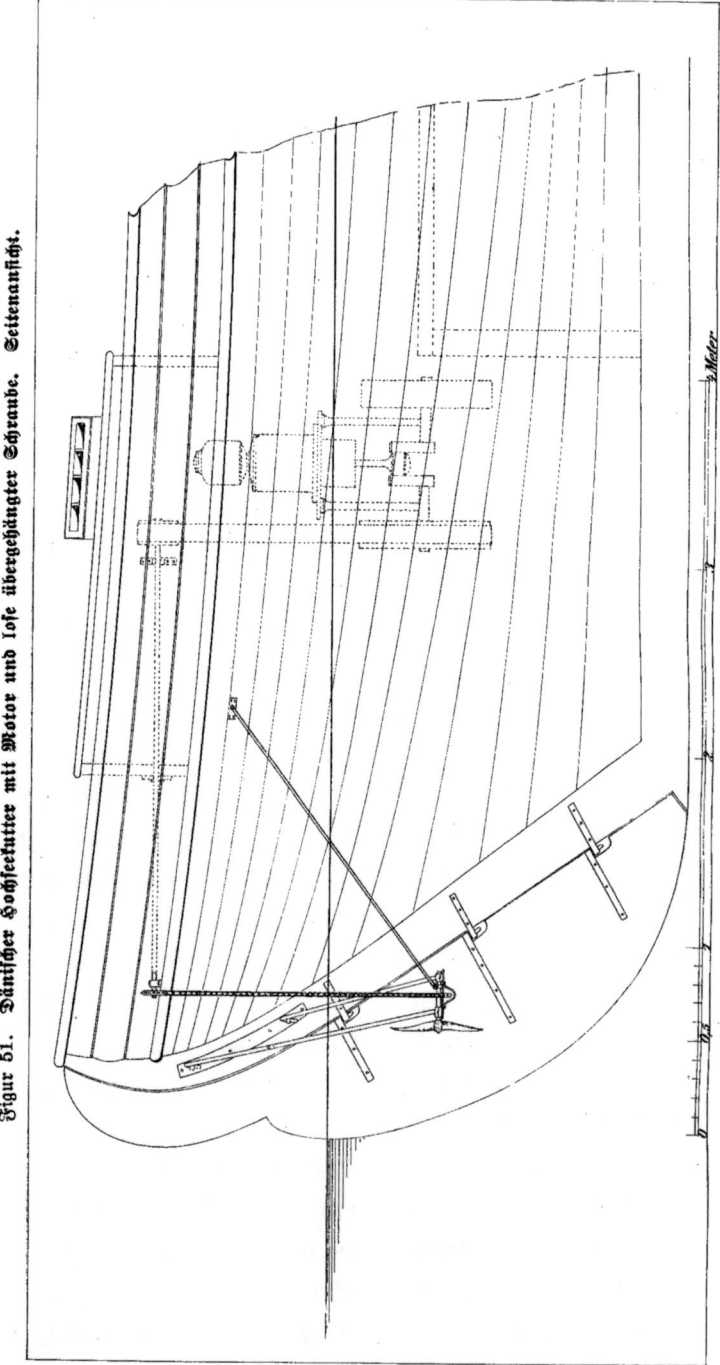

Figur 51. Dänischer Hochseekutter mit Motor und lose übergehängter Schraube. Seitenansicht.

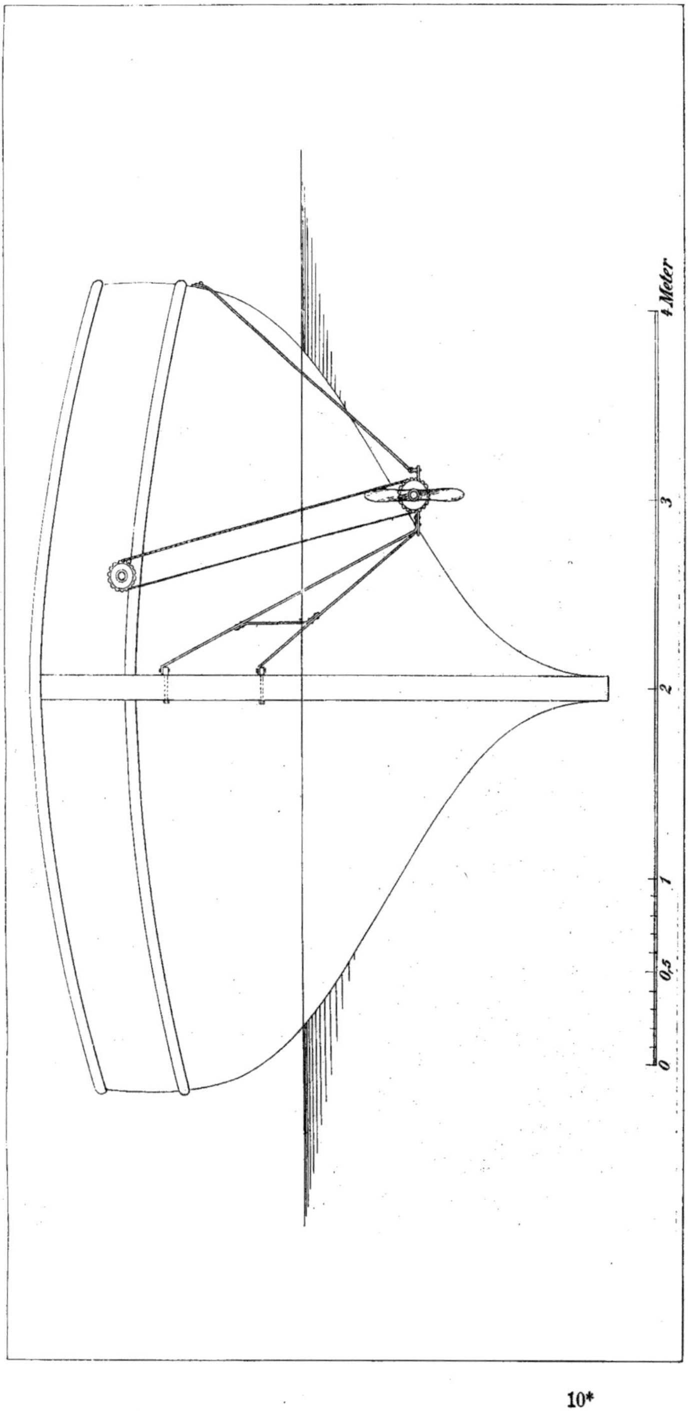

Figur 52. Dänischer Hochseekutter mit Motor und lose übergehängter Schraube. Ansicht von hinten.

Figur 53. Dänischer Hochseekutter mit Motor und lose übergehängter Schraube.
Auf der Helling stehend.

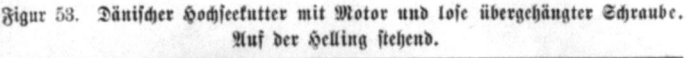

man in Dänemark allgemein und schnell dazu über, die Schrauben fest einzubauen.

Mit dänischem Petroleummotor versehene, unterelbische Fahrzeuge.

Im Frühjahr 1903 ließ der Deutsche Seefischerei-Verein die drei auf Seite 20 bis 27 erwähnten, in Figur 9, 11, 12 und 13 dargestellten, Fahrzeuge, nämlich Ewer „Maria", Kutter „Albatroß" und Kutter „Louis und Emma", zu Frederikshavn in Jütland mit Petroleummotor „Alpha" und Hülfsschraube versehen. Den Umbau führte der Schiffsbaumeister Buhl zu Frederikshavn aus; die Motoren lieferte die Aktiengesellschaft „Frederikshavns Jernstoberg og Maskinfabrik" (Gebrüder Houmöller) in Frederikshavn.

Die Figuren 54 und 55 auf Seite 150 und 151 stellen diese Fahrzeuge nach dem Umbau dar.

Wir geben dazu folgende Erläuterungen:

Lfd. Nr.	Bezeichnung	Ewer „Maria"	Kutter „Albatroß"	Kutter „Louis und Emma"	Bemerkungen.
1	Stärke des Motors .	8 HP effektiv	12 HP effektiv	16 HP effektiv	Zu 1: Die Forderung der Finkenwärder Fischer ging unter anderem dahin, daß der Motor mit Hülfsschraube das Fahrzeug mit ausgebrachtem Grundschleppnetz bei Windstille schleppen müsse. Um die Grenze der dafür nötigen Motorstärke festzustellen, war eine Abstufung der Motorkräfte nötig.
2	Zahl der Cylinder des Motors	2	2	2	
3	Gewicht des Motors .	1075 kg	1900 kg	2500 kg	
4	Gewicht der ganzen Maschine mit Schraubenwelle, Schraube und Umsteuerung . .	1250 „	2200 „	2800 „	

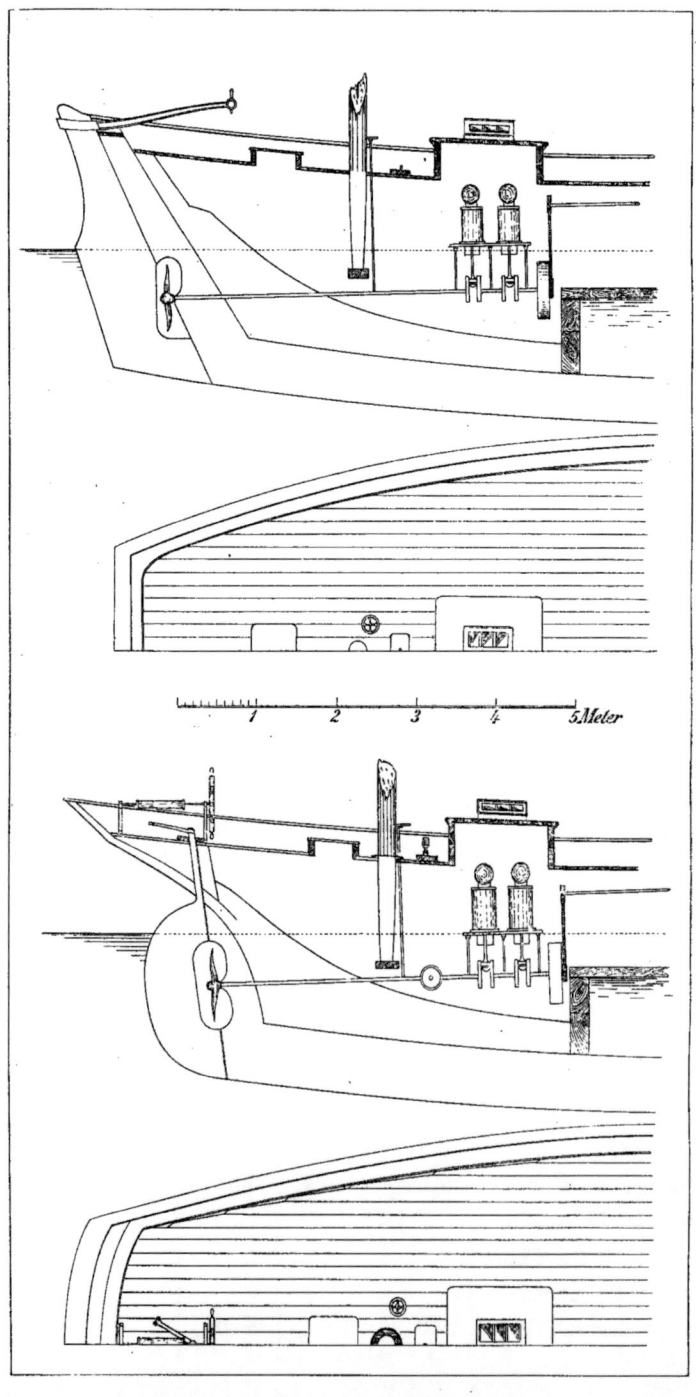

Figur 54. Finkenwärder Ewer „Maria" und Finkenwärder Kutter „Albatroß". Mit Petroleummotor „Alpha" und Hülfsschraube versehen.

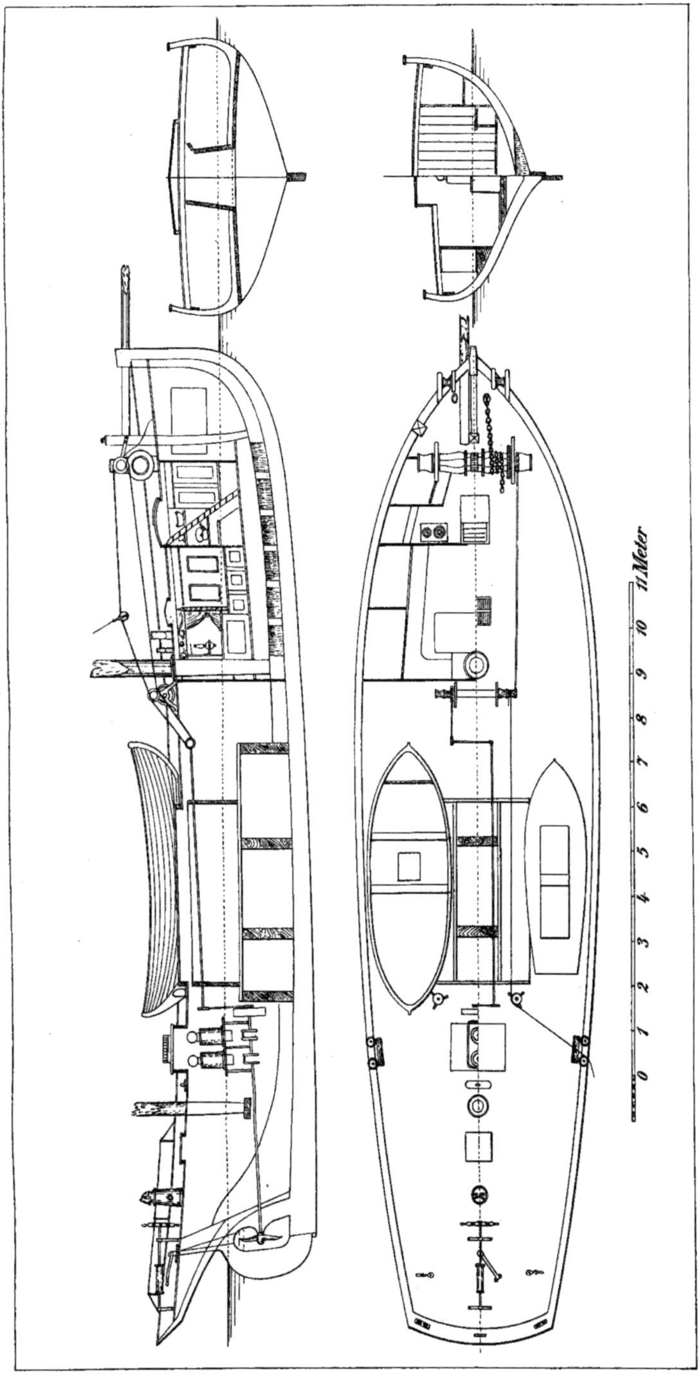

Figur 55. Finkenwärder Kutter „Louis und Emma". Mit Petroleummotor „Alpha" und Hülfsschraube versehen.

Lfd. Nr.	Bezeichnung	Ewer „Maria"	Kutter „Albatroß"	Kutter „Louis und Emma"	Bemerkungen
5	Länge des Motors mit Friktionskuppelung	2,05 m	2,60 m	2,68 m	Zu 5: Die eingebauten Motoren haben sämtlich umsteuerbare Schraubenwellen mit Friktionskuppelung.
6	Länge des Motors ohne Friktionskuppelung	1,81 „	2,28 „	2,36 „	
7	Breite des Motors	0,71 „	1,02 „	1,10 „	
8	Höhe des Motors	1,50 „	1,65 „	1,73 „	
9	Schraubendurchmesser	837 mm	993 mm	1151 mm	Zu 9 und 10: Schraube und Schraubenwelle sind aus Bronze.
10	Durchmesser der Schraubenwelle	46 „	59 „	65 „	
11	Schraubenumdrehungen in der Minute	350	300	280	
12	Umdrehungen der Verbindungswellen der Winde in der Minute	175	150	140	
13	Umdrehungen der oberen Windenwelle in der Minute	87	75	70	Zu 11 bis 16: Es ergibt sich aus der Darstellung in Figur 55 ohne weiteres, daß der Motor treiben kann: a. die Schiffsschraube, oder b. die Winde, oder c. das Ankerspill.
14	Umdrehungen der unteren Windenwelle in der Minute	17	15	14	
15	Umdrehungen der oberen Ankerspillwelle in der Minute	51	45	42	
16	Umdrehungen der unteren Ankerspillwelle in der Minute	8,5	7,5	7,0	
17	Inhalt der Petroleum-Vorratskasten (Tanks)	750 kg	900 kg	1600 kg	Zu 17: Es ist im Durchschnitt mehr als das Doppelte des auf Seite 127 berechneten Vorrats unterzubringen.

An den Fahrzeugen wurden folgende Änderungen vorgenommen:

a. Die Bünn wurde hinten verkürzt bei:

„Maria" . . . . um 0,50 m
„Albatroß" . . . . . . „ 0,55 „
„Louis und Emma" . . . „ 0,78 „

Diese Verkürzung war nötig, damit der Motor unter Deck aufgestellt werden konnte.

b. Der Maschinenraum wurde nach vorne abgeschottet und durch ein besonderes Luk zugänglich gemacht.

c. Über der Maschine wurde ein einfallendes Licht gebaut, so wie aus den Figuren 54 und 55 auf Seite 150 und 151 ersichtlich ist.

d. „Maria" und „Albatroß" erhielten an jeder Seite neben dem Motor einen Petroleumtank, „Louis und Emma" erhielt an jeder Seite zwei Petroleumtanks.

e. Damit das Wasser in der Piek gut abfließt, wurden dort die Räume zwischen den Spanten mit einer Mischung von Kupferschlacke und Cement oder von Holz und Cement ausgefüllt. Diese Ausfüllung wiegt:

bei „Maria" und „Louis und Emma" je . 150 kg,
bei „Albatroß" . . . . 50 „

f. „Albatroß" und „Louis und Emma" erhielten ein neues eisernes Ruder. Die Ruderpinne wurde durch ein Ruderrad mit Kettentalje und Trommel ersetzt.

g. Der Besanmast wurde nach hinten versetzt und auf einen Bock gestellt.

h. Das Großsegel wurde ein Kleid breiter gemacht, der Großbaum wurde um 0,6 m verlängert. Aus dem Besan wurde ein Kleid herausgenommen.

i. Die in Figur 48 und 49 auf Seite 137 und 139 dargestellte Winde wurde nebst Relingsrollen und Leitrollen aufgestellt.

Aus Figur 55 auf Seite 151 kann die Lage der Verbindungswellen zwischen Motor und Winde deutlich ersehen werden. Dort ist auch die Kabellarkette zwischen Winde und Ankerspill angegeben. Es ist endlich die Leitung der Snurrwadenleinen ersichtlich gemacht. Die Leitung der Kurrleinen für das Grundschleppnetz und für den Heringshamen ist in der Figur nicht angegeben. Siehe Seite 136 bis 140.

k. Ein Fluidkompaß wurde vor dem Ruder aufgestellt und kompensiert.

Wir lassen nunmehr folgen die:

Ergebnisse der von Frederikshavn aus gemachten Probefahrten mit den Kuttern „Albatroß" und „Louis und Emma", sowie mit dem Ewer „Maria".

Jahr und Datum	Namen des Fahrzeuges	Wind und Wetter	Kurs	Fahrt in Seemeilen in der Stunde	Bemerkungen.
1903. Vom 11. Mai abends 8¾ Uhr bis 12. Mai morgens 8¾ Uhr.	Kutter „Albatroß"	Still. Klar.	Es wurden 22,5 Seemeilen seewärts, nördlich frei von Trindel Feuerschiff gelaufen. — 5 Seemeilen NNW von dem Feuerschiff wurde ein neues Grundschleppnetz mit Scheerbrettern ausgesetzt und eine Stunde lang gekurrt. Dann wurde nach Frederikshavn zurückgelaufen.	5,5 Das Scheerbrettergrundschleppnetz wurde auf Schlickgrund mit 2 Seemeilen Fahrt geschleppt. Als zuletzt die Scheerbretter ganz im Schlick begraben waren blieb kaum noch Fahrt voraus bemerkbar.	1) Der Kutter nahm das Motorbeiboot im Schlepptau mit. Die dadurch entstandene Fahrtverminderung läßt sich auf 0,5 Knoten schätzen. 2) Der Motor machte 288 bis 300 Umdrehungen in der Minute. 3) Um 11 Uhr abends, als der Motor über zwei Stunden gelaufen war blieb er stehen. Sobald die Petroleumpumpe nachgesehen war, sprang er wieder an. In den ganz neuen Rohrleitungen hatte sich wahrscheinlich ein kleiner Fremdkörper festgesetzt. Dieser war in die Pumpe gelangt und hatte den Betrieb gestört. Es ist also die größte Reinheit der Tanks, Röhren und des Petroleums geboten. 4) Als das Grundschleppnetz mit beiden Cylindern eingehievt wurde, nahmen wegen der geringen Last, die

Jahr und Datum	Name des Fahrzeuges	Wind und Wetter	Kurs	Fahrt in Seemeilen in der Stunde	Bemerkungen.
					Umdrehungen so zu, daß der Regulator die Petroleumzufuhr unterbrach und die Vergaser kalt wurden. Durch Verminderung des Hubes der Petroleumpumpen wurde dem Übelstande sofort abgeholfen.
1903. Vom 12. Mai abends 8 Uhr bis 13. Mai morgens 9 Uhr.	„Louis und Emma"	SW. Stärke 3 bis 4. Klar.	Es wurde Kurs auf Laesö-Rinne-Feuerschiff 13 Seemeilen gelaufen, dann nördlich gesteuert, quer ab von der roten Leuchttonne des NW-Riffes von Laesö auf 16 m Tiefe geankert und ein Snurrwadenzug gemacht. Darauf wurde nach Frederikshavn zurück gelaufen.	6,5 vor dem Wind. 3 5 bis 4,0 gegen den Wind. 5,0 bei dem Wind mit gesetztem Besan.	1) Der Kutter hatte dauernd das Motorbeiboot im Schlepptau, wodurch eine Verminderung der Fahrt von etwa 0,5 Seemeilen eintrat. 2) Der Motor machte 280 Umdrehungen in der Minute und arbeitete von Anfang bis Ende tadellos. Die Snurrwaden- und Ankerwinden vorrichtung ließ bei den Versuchen nichts zu wünschen übrig. 3) Als das Motorbeiboot bei Windstärke 4 zum Ausfahren der Snurrwade benutzt wurde, erwies sich dasselbe als sehr seefähig und brauchbar.
1903. Vom 16. Mai abends 6 Uhr bis 17. Mai morgens 8 Uhr.	„Maria"	WSW. Stärke 4, mit Stille wechselnd. Klar.	Nördlich und südlich in der Aalbäk-Bucht.	5,0 bis 5,5 bei Stille. 2 gegen Windstärke 3. 9 mit allen Segeln und Motor bei Windstärke 3.	1) Der Motor lief 14 Stunden lang tadellos. 2) Beim Stoppen des Motors und Setzen der Segel erwies sich, daß die Segelfähigkeit durch die Schraube nicht beeinträchtigt war. 3) Um 4 Uhr morgens wurde gestoppt, die Maschine wurde zur Instruktion von der Besatzung auseinander genommen. Winden und Spill wurden probiert. Alles gelang und arbeitete tadellos. 4) Der Petroleumverbrauch stellte sich auf etwa 0,5 kg für die Pferdekraft und Stunde.

Auffallend ist der geringe Unterschied in der Fahrgeschwindigkeit. „Louis und Emma" läuft mit 16 Pferden nicht wesentlich mehr, als die nur 18,9 cbm kleinere „Maria" mit 8 Pferden. Dies erklärt sich aber aus der Verschiedenheit der Linien. Der Kutter hat ein größeres und volleres Nullspant, als der Ewer; außerdem ist dieser hinten schärfer gebaut, als der Kutter. Im übrigen kommt die größere Kraftleistung der stärkeren Maschine natürlich bei dem Schleppen des Grundschleppnetzes in die Erscheinung.

Die fest eingebaute zweiflügelige Schraube verminderte die Segel- und Manövrierfähigkeit in keiner Weise, wenn sie festgestellt war und unter Segel allein gefahren wurde.

Die bei den Probefahrten gemachten Erfahrungen haben sich später bei dem Gebrauch nur bestätigt. Die Motoren laufen tadellos; sie sind leicht und gut bedienbar.

Im übrigen stellen die Erfahrungen noch nicht ganz klar, wie stark ein Motor sein muß, um Kutter und Grundschleppnetz bei Windstille vorwärts zu treiben. Hierbei sprechen die Größe und Bauart des Fahrzeuges, die Beschaffenheit des Grundes, sowie die Konstruktion und Größe des Netzes so sehr mit, daß sich allgemein nicht angeben läßt, wie stark der Motor sein muß, um dieser Forderung unbedingt zu genügen. Man kommt vielleicht, wenn man das Äußerste fordert, dem Schleppvermögen eines Fischdampfers schon bedenklich nahe.

Daß 8 Pferdestärken für den Snurrwadenbetrieb genügen, ist sicher. Trifft dies auch für den Grundschleppnetzbetrieb zu, so entsteht die Frage, ob ein Motor mit einem Cylinder besser ist als ein solcher mit zwei Cylindern. Dieser wiegt mit allem Zubehör 1250 kg, während der eincylindrige 1900 kg wiegt. Der eincylindrige ist aber nicht nur schwerer, sondern er verbraucht auch etwas mehr Petroleum. Dagegen ist er aber einfacher zu behandeln und zu bedienen. Der zweicylindrige Motor bietet wieder den Vorteil, daß man für den Netzbetrieb einen Cylinder ganz ausschalten kann.

Im ganzen ist hervorzuheben, daß mit den Pferdekräften die Betriebskosten wahrscheinlich schneller wachsen, als die rentable Leistung. Man muß daher die untere Grenze der Motorleistung halten, wenn man sich wirtschaftlich gut einrichten will.

In einen alten Kutter oder Ewer wird man nur einen ganz einfachen und billigen, also einen kleinen Motor, setzen dürfen. Man wird hier mit 6, mit 4, sogar mit 2,5 Pferdestärken auskommen müssen. Dann kann natürlich der Motor allein das Fahrzeug mit dem Grundschleppnetz nicht schleppen. Er kann aber die Fortbewegung unter Segel wirksam unterstützen.

Bei Neubauten wird sich durch Verbesserung der Form des Fahrzeuges die Wirkung der Hülfsschraube vermehren lassen. Das wird aber die Fahrgeschwindigkeit mehr als die Schleppfähigkeit steigern. Auch hier fordert aber die Rücksicht auf die Betriebskosten eine Beschränkung der Motorstärke soweit sie möglich ist.

Endlich wird man versuchen müssen, den Fangbetrieb dem Motorbetrieb dadurch anzupassen, daß man die Schleppbarkeit des Grundschleppnetzes mehr und mehr verbessert.

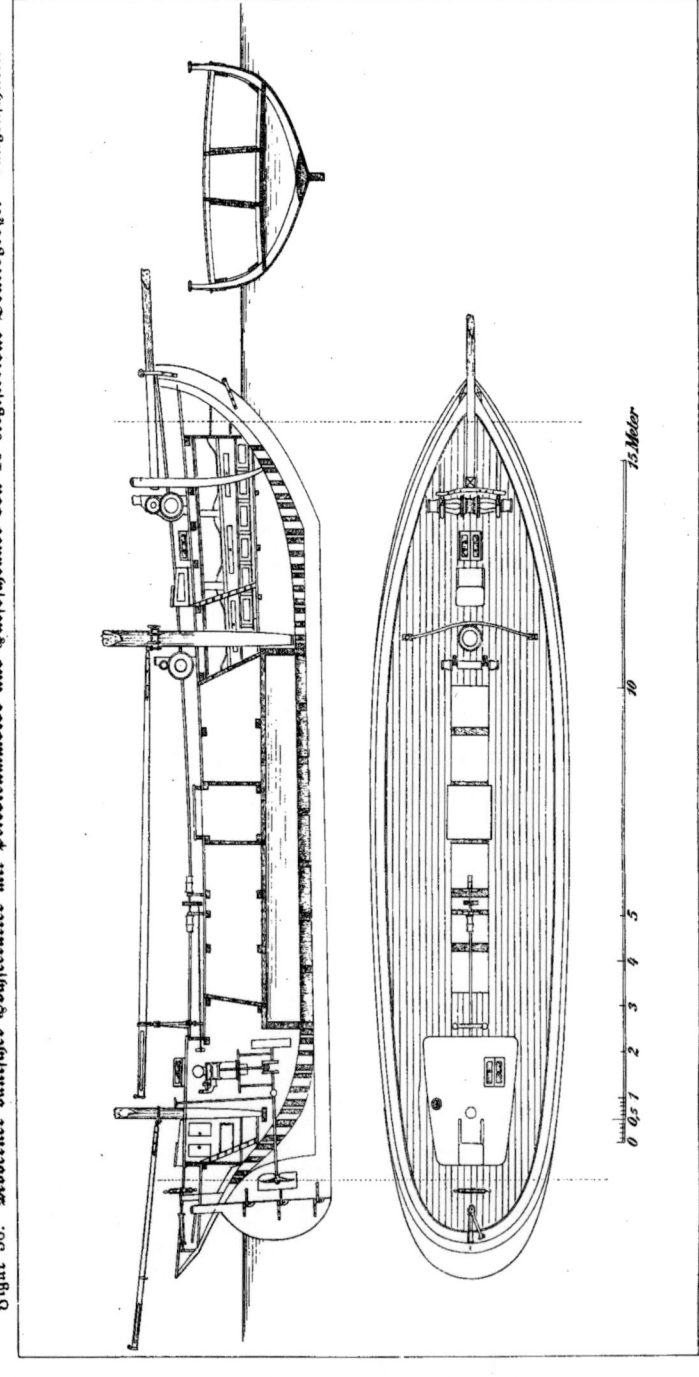

Figur 56. Moderner dänischer Hochseekutter mit Petroleummotor und Hülfsschraube von 40 Registertons Bruttogröße. Längenschnitt.

Moderner dänischer Hochseekutter mit Petroleummotor und Hülfsschraube.

In Figur 56 auf Seite 158 geben wir einen modernen dänischen Hochseekutter mit Petroleummotor und Hülfsschraube von 40 Registertons Bruttogröße.

Der Kutter hat folgende Abmessungen:

Bruttogröße: 40 Registertons = 113 cbm
Länge über Deck . . . . . . 18,60 m
Länge zwischen den Perpendikeln . 16,70 „
Größte Breite . . . . 4,90 „
Raumtiefe . . . . 2,50 „
Größter Tiefgang . . . . . 2,20 „
Länge der Bünn . . . . . . 8,00 „

Nach den Angaben auf Seite 31 würden 150 × 40 = 6000 kg Ballast nötig sein. Vorgesehen sind nur 5000 kg.

Nach Seite 79 würde ein Motor System „Alpha" von 8 bis 12 Pferdestärken einzubauen sein, wobei zu berücksichtigen ist, daß er nicht das Grundschleppnetz schleppen soll. Vorgesehen ist ein Motor von 8 Pferdestärken.

Die Lage der Verbindungswelle zwischen Motor und Winde ist aus der Figur 56 auf Seite 158 zu ersehen. Siehe auch Seite 133, 134 und 136, wo die Winde beschrieben und dargestellt ist.

Die Bünn ist noch 0,5 m länger, als die auf Seite 41 bis 47 beschriebene, in den Figuren 22, 23, 24 und 25 dargestellte. Da man in den dänischen Kuttern alle Fänge lebend an den Markt bringt, ist man darauf bedacht, die Bünn so groß als möglich zu machen.

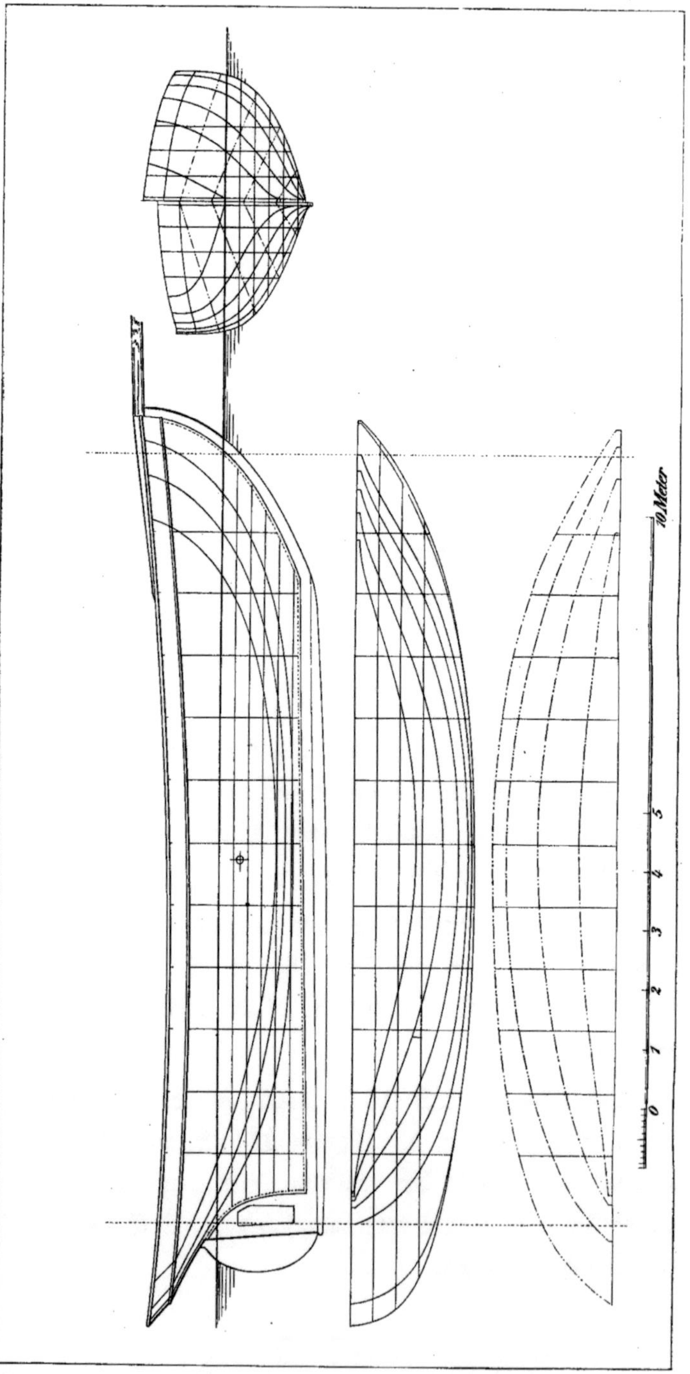

Figur 57. Neuer deutscher Ostseekutter mit Petroleummotor und Hülfsschraube Typus „Memel". Konstruktionszeichnung.

Die neuen deutschen Ostseekutter „Memel" und „Köslin" mit Petroleummotor und Hülfsschraube.

Die in Figur 57, 58 und 59 auf Seite 160, 163 und 164 dargestellten deutschen Ostseekutter mit Petroleummotor und Hülfsschraube: „Memel" und „Köslin" sind im Jahre 1903 zu Frederikshavn in Jütland für den Deutschen Seefischerei-Verein konstruiert und gebaut. Von dem Kutter „Memel" ist schon auf Seite 37 sowie auf Seite 60 bis 66 die Rede gewesen. Dort blieb die Hülfsmaschine unberücksichtigt.

Die Kutter des Memel-Typus haben folgende Abmessungen und Einrichtungen:

Lfd. Nr.	Angabe		Bemerkungen
1	Bruttogröße	25,98 Registertons = 73,6 cbm	Zu 1: Nach dänischer Vermessung.
2	Länge über Deck	14,50 m	
3	Länge zwischen den Perpendikeln	13,00 „	
4	Größte Breite im Schandeckel	4,40 „	
5	Raumtiefe	2,10 „	
6	Tiefgang, hinten	2,00 „	
7	Länge der Bünn	3,20 „	
8	Länge des Trockenraumes (Laderaumes)	2,10 „	
9	Ballast	7500 kg	Zu 9: Der aus Eisenschlacken und Cement bestehende Ballast liegt unter der Bünn.
10	Stärke des Motors	6 effektive HP	Zu 10: Der Motor ist System „Alpha".
11	Zahl der Cylinder	1	
12	Gewicht des Motors	1000 kg	
13	Gewicht der ganzen Maschine mit Schraubenwelle, Schraube und Umsteuerung	1150 „	
14	Länge des Motors mit Friktionskuppelung	1,73 m	Zu 14: Der Motor hat eine umsteuerbare Schraubenwelle mit Friktionskuppelung für den Vorwärts- und Rückwärtsgang der Schraube.
15	Länge des Motors ohne Friktionskuppelung	1,42 „	
16	Breite des Motors	1,02 „	
17	Höhe des Motors	1,57 „	
18	Schraubendurchmesser	837 mm	Zu 18 und 19: Schraube und Schraubenwelle sind aus Bronze.
19	Durchmesser der Schraubenwelle	46 „	
20	Schraubenumdrehungen in der Minute	300	

Dittmer und Buhl, Seefischereifahrzeuge.

Vor der Bünn liegt ein Trockenraum zur Aufbewahrung geschlachteter Fische.

Die Geschwindigkeit mit dem Motor allein beträgt bei ruhigem Wetter und glatter See bis zu 5 Knoten.

Die Winde ist in Figur 50 auf Seite 141 dargestellt.

Der Motor treibt:

> die Hülfsschraube, oder
>
> die Winde, oder
>
> das Ankerspill.

Die Wellenleitung zwischen Motor und Winde sowie die Leitung der Kabellarkette von der Winde nach dem Ankerspill kann aus Figur 58 auf Seite 163 leicht ersehen werden.

Der Auspuff der Motorgase geschieht durch den Besanmast, welcher hohl und aus Stahl hergestellt ist.

Die Motoren laufen tadellos und bewähren sich in jeder Hinsicht.

Diese Fahrzeuge befischen von Memel und Kolbergermünde aus die ganze Ostsee. Sie fangen mit:

> a. Snurrwaden,
>
> b. Zeesen,
>
> c. Treibnetzen,
>
> d. Angeln,
>
> e. Stellnetzen.

Die Erfahrungen müssen lehren, ob in diesen Fahrzeugen der gesuchte Einheitstypus für die Befischung der hohen Ostsee gefunden ist.

Bei der Klärung dieser Frage sprechen sehr viel verschiedene Faktoren mit. Die Marktverhältnisse am Heimatsort und an der Ostsee überhaupt, die Wahl der Fanggeräte und der Fang= gründe üben einen entscheidenden Einfluß aus.

Vor allen Dingen handelt es sich um den Versuch, den auf Seite 15 erwähnten, in Figur 5 und 6 dargestellten, Ostseekutter durch ein seefähigeres Fahrzeug zu ersetzen und den Motor mit Hülfsschraube in der Ostseefischerei einzuführen.

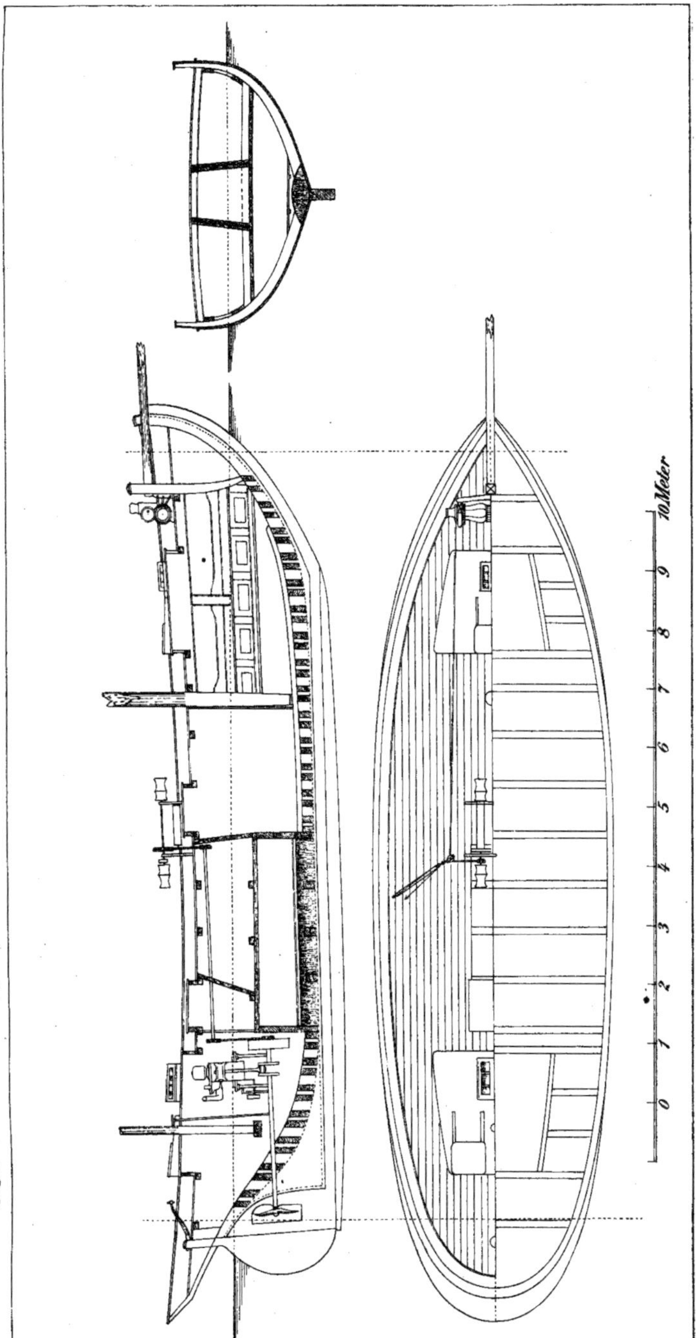

Figur 58. Neuer deutscher Ostseekutter mit Petroleummotor und Hülfsschraube Typus „Memel". Längenschnitt.

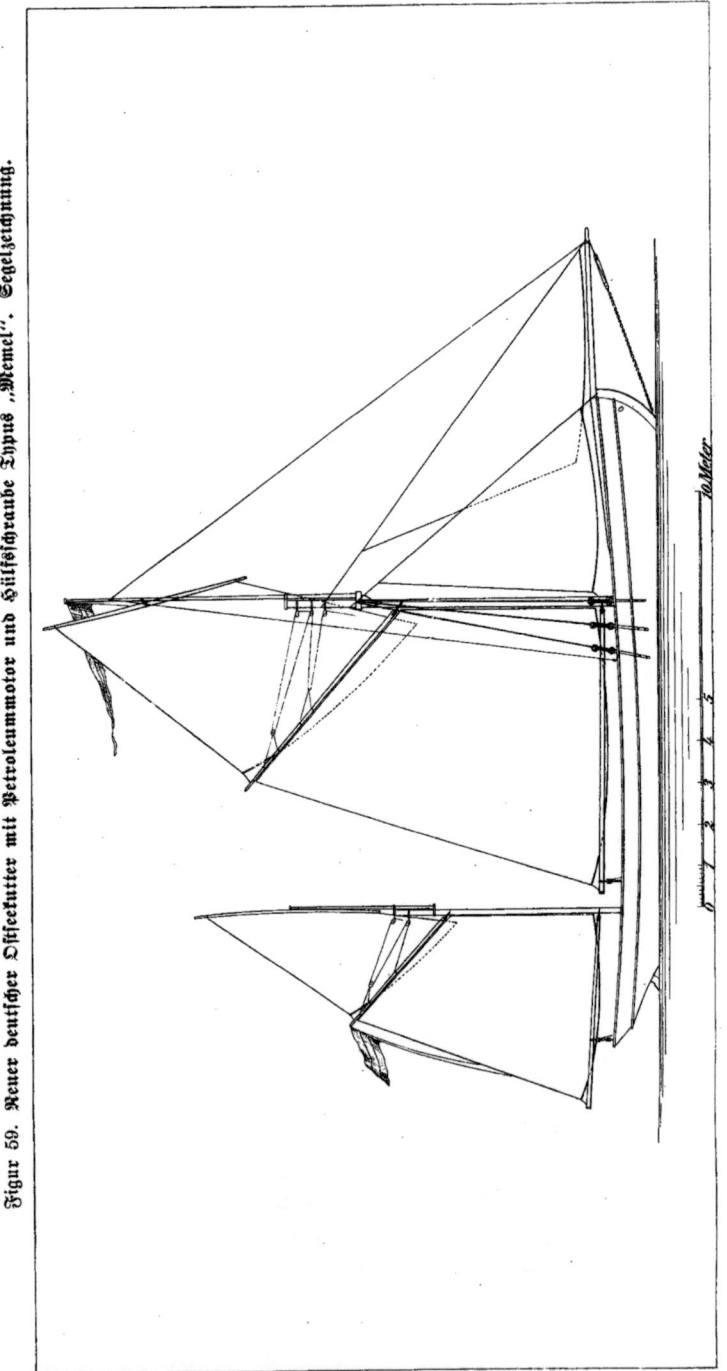

Figur 59. Neuer deutscher Ostseekutter mit Petroleummotor und Hülfsschraube Typus „Memel". Segelzeichnung.

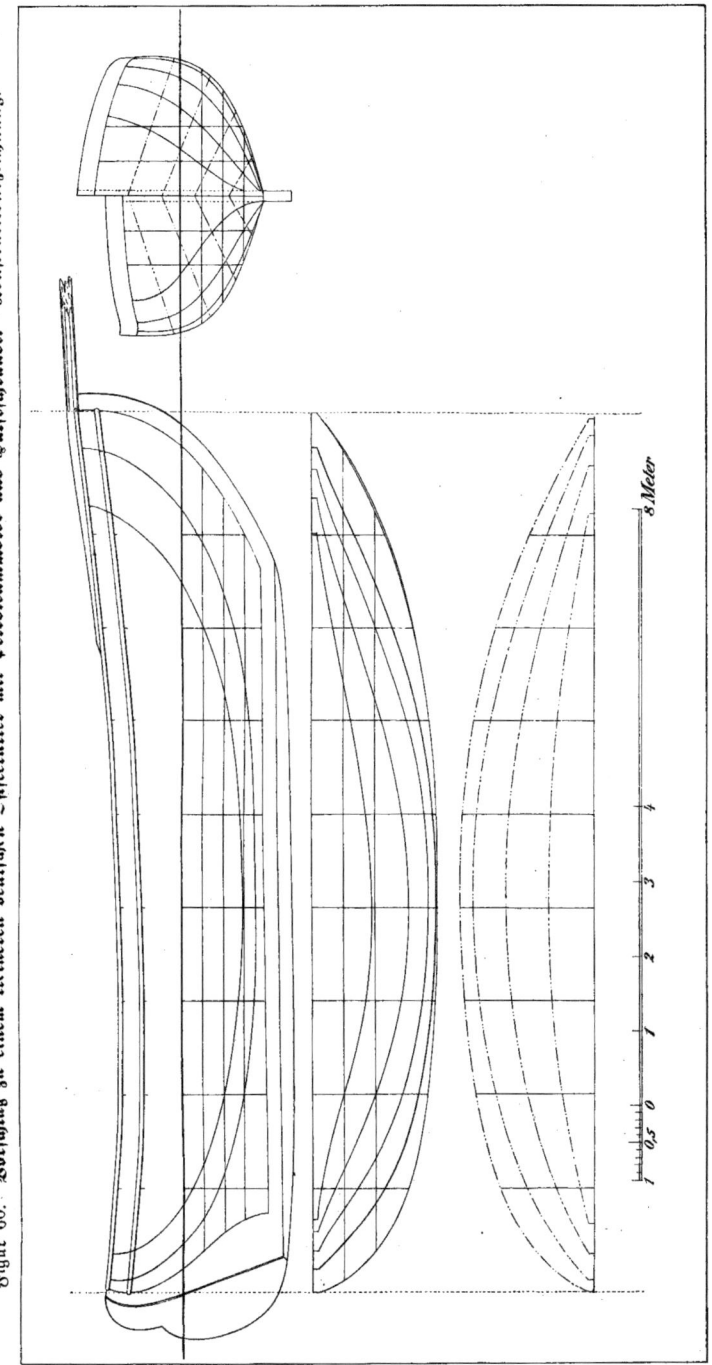

Figur 60. Vorschlag zu einem kleineren deutschen Ostseekutter mit Petroleummotor und Hülfsschraube. Konstruktionszeichnung.

Vorschlag zu einem kleineren deutschen Ostseekutter mit Petroleummotor und Hülfsschraube.

Der in Figur 60, 61 und 62 auf Seite 165, 167 und 168 dargestellte kleinere deutsche Ostseekutter mit Petroleummotor und Hülfsschraube wurde entworfen, weil nicht sicher ist, ob der in Figur 57, 58 und 59 dargestellte Memel=Typus für alle Küsten= orte der Ostsee paßt. Auch die Rücksicht auf die Rentabilität ließ es zweckmäßig erscheinen, noch einen Kutter zu entwerfen, der zwischen dem Memel=Typus und dem alten Lachskutter liegt.

Das vorgeschlagene Fahrzeug hat folgende Abmessungen und Einrichtungen:

    Bruttogröße etwa 15 Registertons = 42,5 cbm

    Länge . . . . 11,75 m

    Breite . . . . 3,70 „

    Tiefe . . . . 1,85 „

    Tiefgang . . . . 1,62 „

    Stärke des Motors 2,5 bis 4 effektive HP.

Jede Änderung der inneren Einrichtung wäre natürlich an diesem Fahrzeug möglich. Der Entwurf soll im übrigen nur angeben, in welcher Weise man für die Befischung der hohen Ostsee ein Fahrzeug herstellen könnte, das zwischen den Kuttern „Memel" und „Köslin" und den alten Ostseekuttern die Mitte hält.

Damit soll der Frage in keiner Weise vorgegriffen werden, ob es richtig und lohnend ist, der Einführung eines solchen Kutters die Wege zu bahnen, indem man ein Versuchsfahrzeug bauen und fangen läßt.

Diese Frage auszutragen und zur Entscheidung zu bringen, wird Sache der Fischer sein müssen.

Petroleummotorboot für die hinterpommersche Küste.

Das in Figur 63 und 64 auf Seite 169 und 170 dar= gestellte offene Petroleummotorboot ist ein Typus, der an der offenen Westküste von Jütland im Gebrauch ist. Ein Boot dieser Art

Figur 61. Vorschlag zu einem kleineren deutschen Ostseekutter mit Petroleummotor und Hülfsschraube. Längenschnitt.

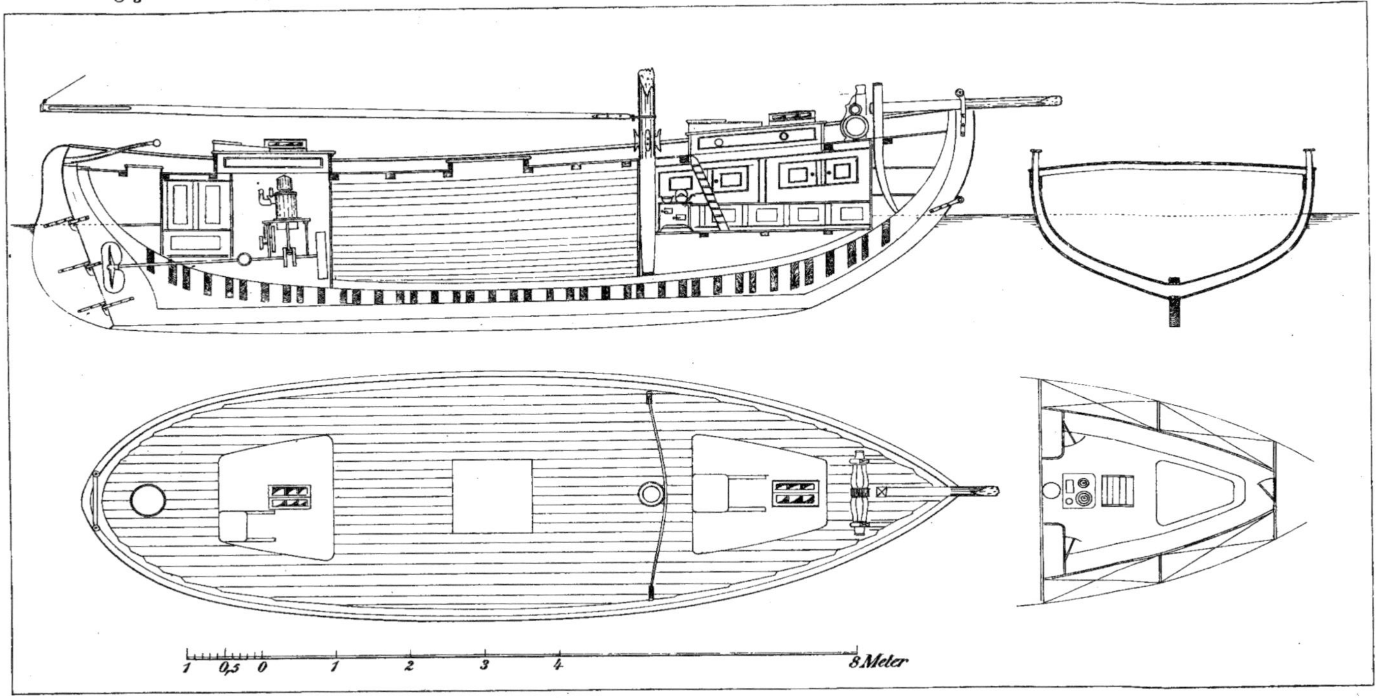

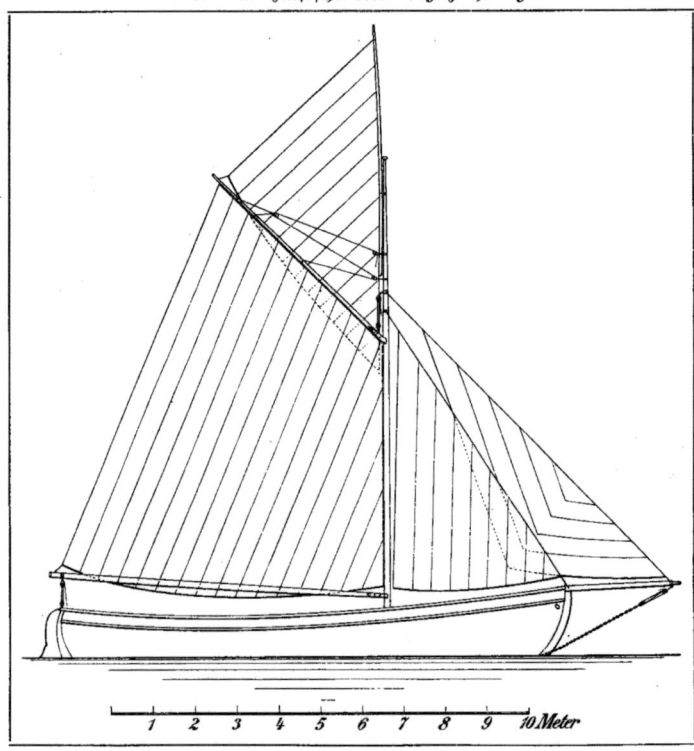

Figur 62. Vorschlag zu einem kleineren deutschen Ostseekutter mit Petroleummotor und Hülfsschraube. Segelzeichnung.

wurde im Sommer 1903 in Frederikshavn in Jütland von dem Deutschen Seefischerei-Verein für die hinterpommersche Küste beschafft. Das Boot hat folgende Abmessungen und Einrichtungen:

Lfd. Nr.	Angabe		Bemerkungen
1	Länge über Steven	7,2 m	
2	Größte Breite	2,5 „	
3	Tiefe	1,0 „	
4	Tiefgang	0,7 „	
5	Baumaterial	Fichtenholz.	
6	Stärke des Motors	2,5 effektive HP	Zu 6: Der Motor ist System „Alpha".
7	Zahl der Cylinder	1	
8	Gewicht des Motors mit Schraubenwelle, Schraube und Umsteuerung	385 kg	Zu 8: Die Schraube hat zwei umsteuerbare Flügel ohne Durchbohrung der Schraubenwelle.
9	Länge des Motors	0,84 m	
10	Breite des Motors	0,51 „	
11	Höhe des Motors	1,02 „	
12	Schraubenumdrehungen in der Minute	425	

Figur 63. **Petroleummotorboot für die hinterpommersche Küste.
Konstruktionszeichnung.**

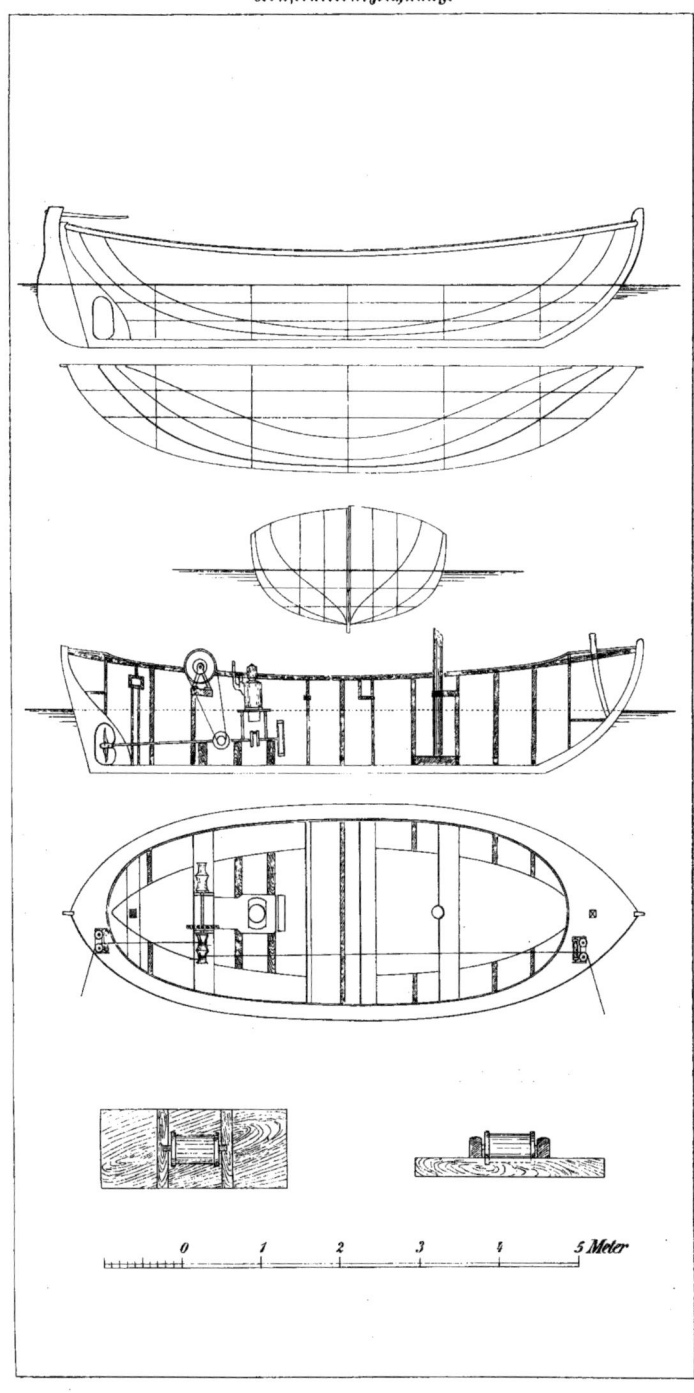

Figur 64. **Petroleummotorboot für die hinterpommersche Küste. Segelzeichnung.**

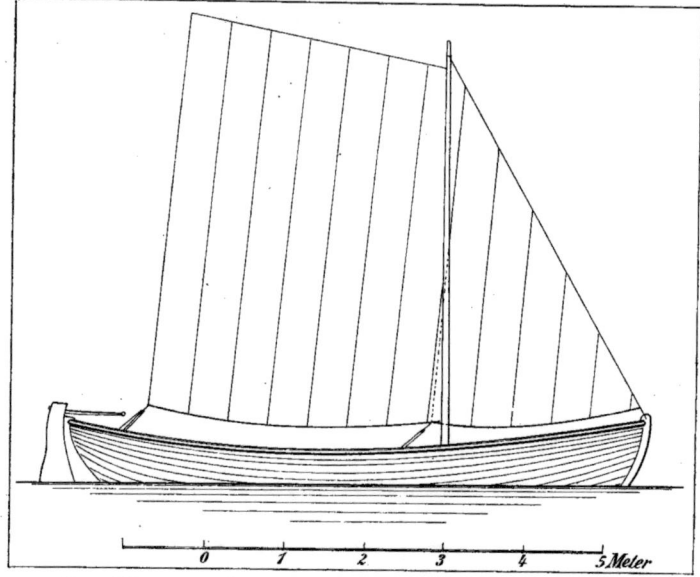

Der Motor treibt außer der Schraube eine Snurrwadenwinde, welche querboots hinter dem Motor steht. Sie ist in Figur 47 auf Seite 135 dargestellt. Die Übertragung zwischen Motorwelle und Windenwelle kann aus Figur 63 auf Seite 169 leicht ersehen werden. Der Motor bewährt sich gut.

Die Formen des Bootes erleichtern das Aufschleppen an der offenen Küste. Die dazu bestimmten Rollen sind in Figur 63 auf Seite 169 mit angegeben.

Mit der, leichter Aufschleppbarkeit auf den Strand günstigen, Form vereinigt das Boot große Seefähigkeit. Diese wird jedenfalls von den Benutzern gerühmt.

Weitere Erfahrungen bleiben abzuwarten.

Das Petroleummotor=Beiboot.

Es ist auf Seite 79 und 89 erwähnt, daß die dänischen Kutter allgemein ein Beiboot mit Petroleummotor verwenden. Nachdem der Deutsche Seefischerei=Verein den Snurrwadenbetrieb nach dänischem Muster eingeführt hatte, ließ er den Ewer „Maria", die Kutter „Albatroß", „Louis und Emma", „Memel" und „Köslin" mit Petroleummotor=Beibooten ausrüsten.

Figur 65. **Petroleummotor-Beiboot.**

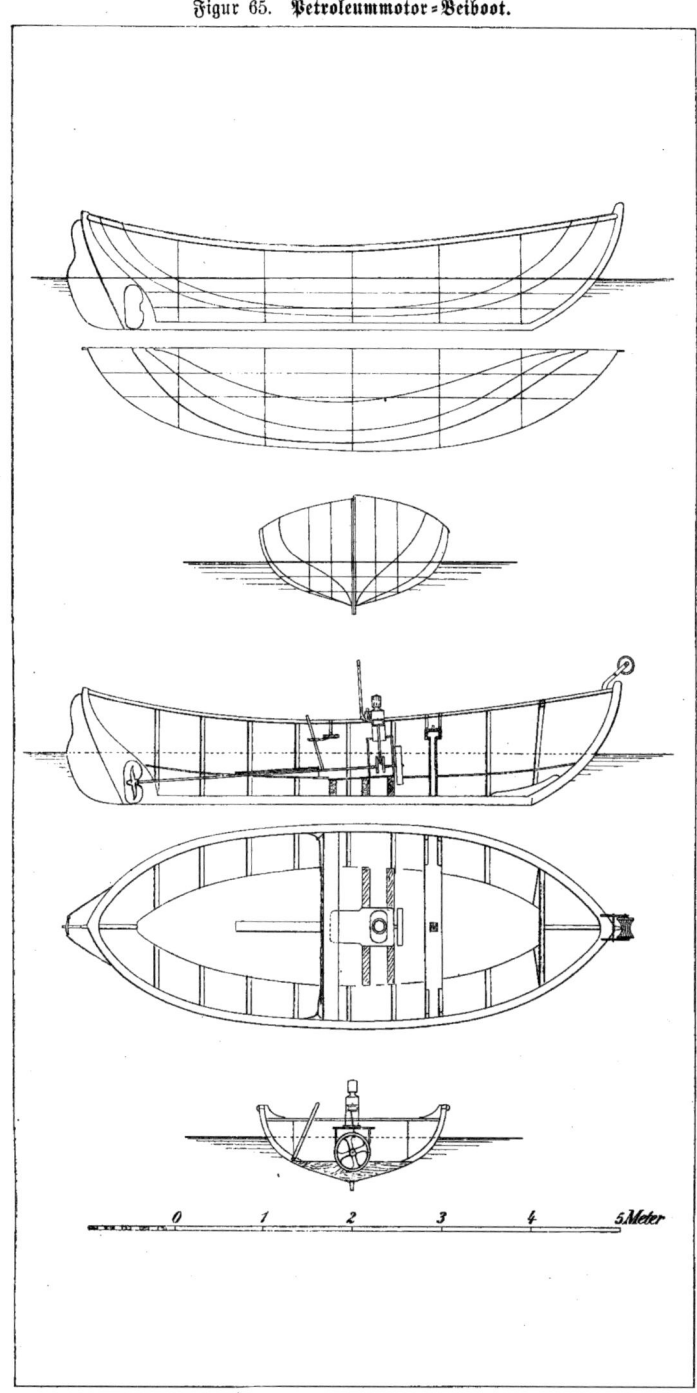

Der Hauptzweck dieser Boote ist das Ausfahren der Snurrwade von dem in See verankerten Kutter aus. Sie erweisen sich aber auch für viele andere Zwecke als sehr brauchbar.

Ein solches Motor-Beiboot ist in Figur 65 auf Seite 171 dargestellt. Es hat keine Takelage und keine Winde. Seine Abmessungen und Einrichtungen sind folgende:

Lfd. Nr.	Angabe		Bemerkungen.
1	Länge über Steven	6,00 m	
2	Größte Breite	2,15 „	
3	Tiefe	0,80 „	
4	Tiefgang	0,55 „	
5	Baumaterial	Fichtenholz	
6	Stärke des Motors	1,5 effektive HP	Zu 6: Der Motor ist System „Alpha".
7	Zahl der Cylinder	1	
8	Gewicht des Motors mit Schraubenwelle, Schraube und Umsteuerung	240 kg	Zu 8: Die Schraube hat zwei umsteuerbare Flügel, ohne Durchbohrung der Schraubenwelle.
9	Länge des Motors	0,81 m	
10	Breite des Motors	0,51 „	
11	Höhe des Motors	0,95 „	
12	Schraubenumdrehungen in der Minute	440	

Die Motoren laufen tadellos. Die Seefähigkeit der Boote wird allgemein gerühmt. Die Geschwindigkeit beträgt bis ca. 4³/₄ Knoten.

In die aus Figur 65 auf Seite 171 ersichtliche wegnehmbare Rolle auf dem Vorsteven wird die Wadenleine gelegt, wenn sie von einem Stein oder anderem Hindernis unklar geworden ist. Das Boot läuft unter der Leine entlang, bis sie frei geworden ist.

Petroleummotorboot für die Unterelbe.

Das in Figur 66 auf Seite 173 dargestellte Boot ist an Größe und Typus den Motorbeibooten der Kutter gleich. Es

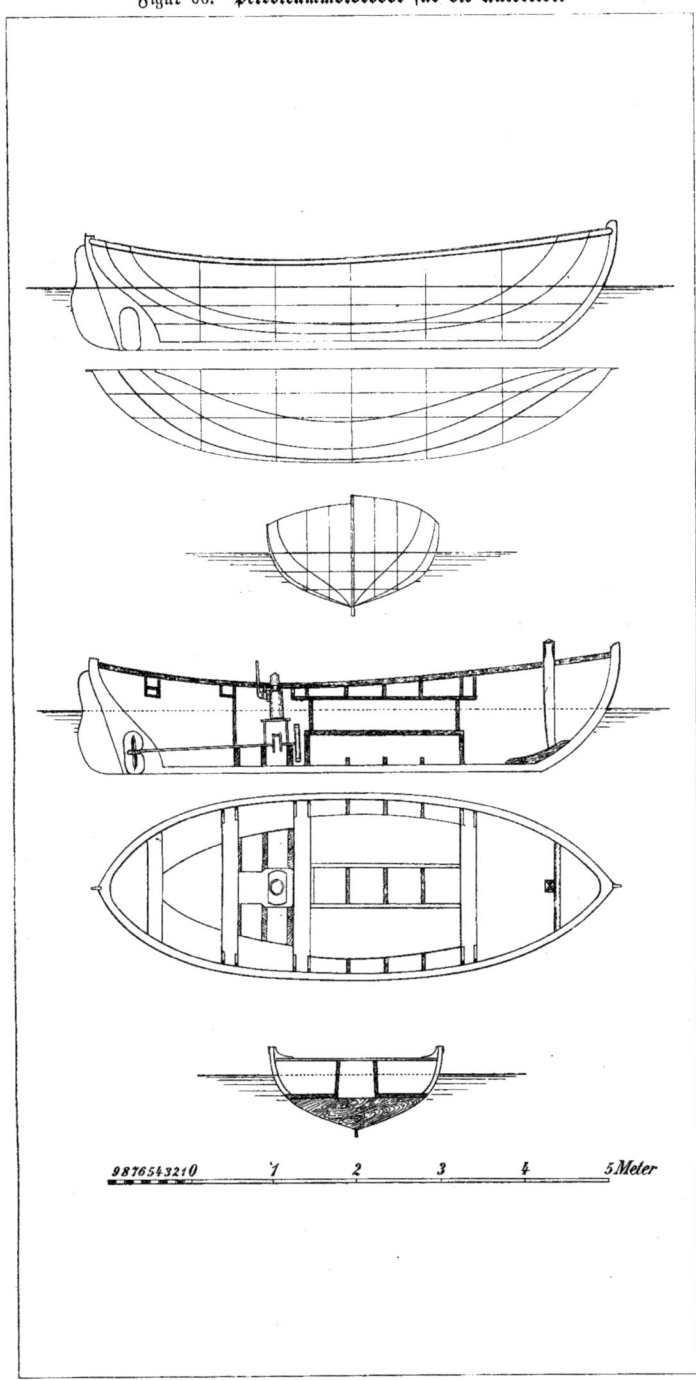

Figur 66. Petroleummotorboot für die Unterelbe.

ist aber nicht wie diese aus Fichtenholz, sondern aus Eichenholz gebaut und mit Bünn versehen.

Das von dem Deutschen Seefischerei-Verein für die Unterelbe beschaffte Boot treibt von Altenwärder aus den Stör- und Maifischfang.

Fischereischiffe mit Dampfmaschinen.

Obgleich die Schiffe mit Dampfmaschinen eigentlich nicht in den Rahmen dieses Buches gehören, erwähnen wir, daß in neuester Zeit an der Unterweser mehrere Heringslogger, wie sie in Figur 2 und 3 auf Seite 10 und 12 dargestellt sind, mit Hülfs-Dampfmaschinen versehen wurden.

Diese Schiffe haben folgende Abmessungen und Einrichtungen:

Bruttogröße . .	128,95 Registertons = 365,3 cbm
Nettogröße . . .	67 „ = 189,7 „
Länge	27,72 m
Größte Breite	6,52 „
Tiefe	3,00 „
Maschine	Compound.
Maschinenstärke	75 indizierte HP.
Schraube	Fest mit zwei Flügeln.
Umsteuerung der Maschine . . .	Schiebersteuerung.
Kohlenvorrat	9 Tonnen von je 1000 kg.
Kohlenverbrauch für die indizierte Pferdekraft und Stunde	1,10 kg.
Fahrt mit der Maschine allein bei Windstille:	etwa 7 Knoten.
Maschinenpersonal . .	1 Maschinist und 1 Heizer.

Noch weniger, als die Heringslogger mit Hülfs-Dampfmaschinen gehören die Fischdampfer in den Rahmen dieser Arbeit.

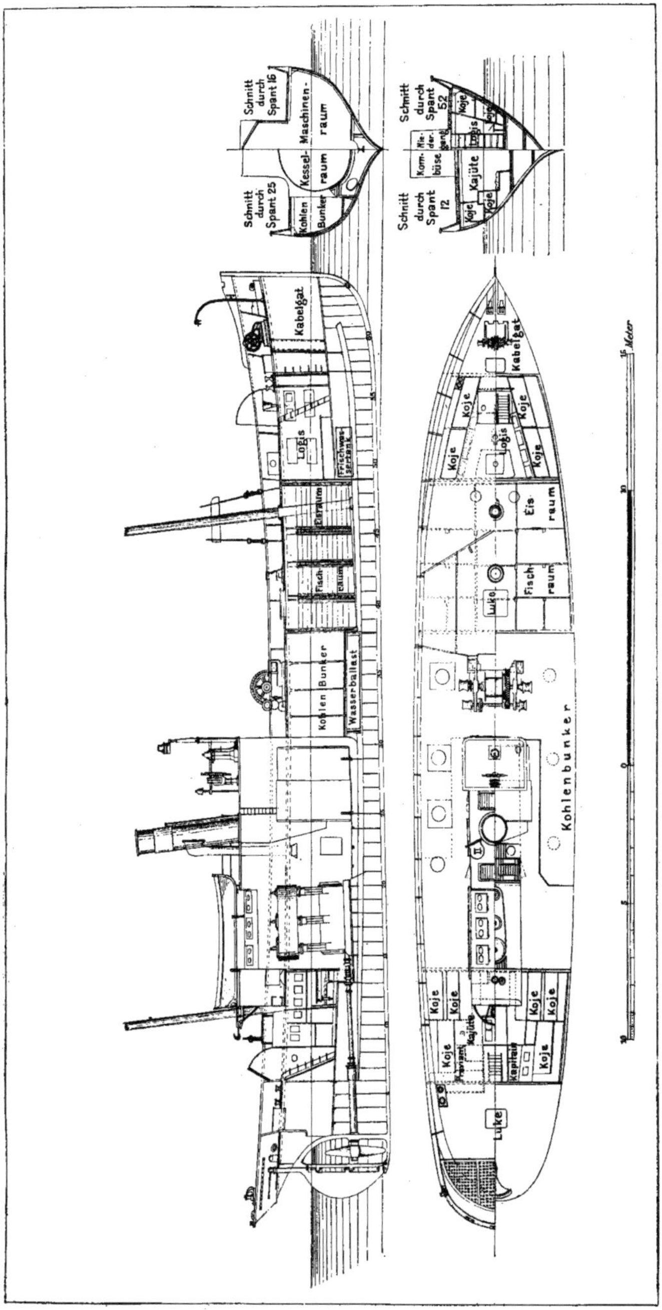

Figur 67. Deutscher Fischdampfer „Elna".

Nur der Vollständigkeit und des Vergleiches halber geben wir in Figur 67 auf Seite 175 eine Darstellung des im Jahre 1895 von Johann C. Tecklenborg in Geestemünde erbauten, zu Bremerhaven heimischen, Dampfers „Elma". Das Schiff hat folgende Abmessungen und Einrichtungen:

 Bruttogröße . 135 Registertons = 382,4 cbm
 Nettogröße . . 30,2 Registertons = 85,5 „
 Länge .... 32,10 m
 Breite .... 6,32 „
 Tiefe .... 2,85 „

Dreifache Expansionsmaschine von 280 indizierten HP.

Steinkohlenverbrauch in 24 Stunden etwa 3 bis 4 Tonnen von je 1000 kg.

Der Vorrat von etwa 60 Tonnen reicht also auf etwa 15 bis 20 Tage.

Die neuesten deutschen Fischdampfer weichen von der „Elma" in Größe, Form und Einrichtung wesentlich ab.

Fünfter Teil.

Betriebskosten von Hülfsmaschinen.

Preise von Betriebsmaterial.

Allgemeines.

Die Preise von Benzin, Petroleum und Spiritus schwanken mit den Marktverhältnissen, und zwar so bedeutend, daß sich Vergleichswerte nur für einen bestimmten Zeitpunkt geben lassen.

Benzin.

Der Preis des Benzins wechselt sehr. Es kostete 1 kg Benzin netto:

	1894	1901	Anfang 1904
Unverzollt	16,75 Pf.	29,00 Pf.	23,50 Pf.
Verzollt	24,50 „	36,75 „	31,25 „

Nach Verordnung des Bundesrats vom 2. Dezember 1885 kann Benzin für Krafterzeugungszwecke unter Kontrolle zollfrei verwendet werden.

Motorpetroleum.

Der Preis des Motorpetroleums pflegt nicht so stark zu schwanken, wie der des Benzins.

Anfang 1904 stand der Preis wie folgt:

  1 kg unverzollt, netto*) . . 18,99 Pf.
  Zoll für 1 kg . . . . . 7,50 „
  1 kg, verzollt, netto*) . . . 26,49 „
  1 Pfund, verzollt, netto*) . 13,245 „

---

*) Wird das Petroleum in Holzfässern geliefert, so werden bei Rückgabe des Fasses 20 Prozent Tara vergütet. Bei den oben gemachten Angaben ist der Preis des Fasses nicht mitgerechnet.

Das Motorpetroleum ist bis jetzt nicht zollfrei, wie das Benzin.

Motorspiritus.

Die Centrale für Spiritus=Verwertung, Gesellschaft mit beschränkter Haftung, Berlin W. 8, Taubenstraße 16/18, liefert Spiritus für Motorbetrieb, unter den nachstehend angegebenen Bedingungen:

1) Denaturierung entweder mit 2 Prozent Holzgeist und $\frac{1}{2}$ Prozent Pyridin; oder mit 1 Prozent Holzgeist, $\frac{1}{4}$ Prozent Pyridin und 2 Prozent Benzol.

2) 1 Liter 90 volumenprozentiger Spiritus kostet:
    a. vom 1. November bis 15. Mai   16,50 Pf.
    b. vom 16. Mai bis 31. Oktober   17,50 „

3) 1 kg kostet:
    a. vom 1. November bis 15. Mai   19,16 Pf.
    b. vom 16. Mai bis 31. Oktober   20,32 „

4) 1 Pfund = 0,5 kg kostet:
    a. vom 1. November bis 15. Mai   9,58 Pf.
    b. vom 16. Mai bis 31. Oktober   10,16 „

---

*) Gebinde werden leihweise hergegeben. Wiederverkauf ist verboten. Mengen unter 1 Barrel, von 180 bis 200 Liter Inhalt, werden nicht verkauft.

Bei Abnahme von mehr als 5000 kg brutto tritt Preisermäßigung auf 15 und 16 Pf. für den Liter ein.

Die Lieferung erfolgt frei nächster Bahnstation des Käufers.

Die Lieferung in Fässern nach Nordseeplätzen geschieht von Hamburg oder Hannover aus. Diejenige nach Ostseeplätzen geschieht von Krakow, Rostock, Anklam, Stettin, Stargard i. Pr., Kolberg, Neufahrwasser, Elbing und Königsberg i. Pr. aus.

5) Spiritus mit 20% Benzolzusatz gibt die Zentrale für Spiritusverwertung mit einem Preiszuschlag von 0,5 Pf. für den Liter ab.

Betriebskosten von Benzinmotoren.

Wir sehen von Berechnungen ab. Die Kosten werden sich bei dem durchschnittlichen Preisstande etwas niedriger als diejenigen der Petroleummotoren stellen. Wenn unverzolltes Benzin verwendet wird, werden sie wesentlich billiger sein.

Jährliche Betriebskosten von Petroleummotoren im Seefischereibetriebe.

1) 1 Fangperiode . . . . = 15 Tage
2) Zahl der Fangperioden im Jahre 20
3) Tägliche Betriebszeit des Motors in jeder Fangperiode . . . . 6 Stunden
4) Zahl der Motorarbeitsstunden in jeder Fangperiode 6×15 . . . . = 90 Stunden
5) Zahl der Motorarbeitsstunden im Jahr = $90 \times 20 = 1800$
6) Verbrauch des Motors an Petroleum für die effektive Pferdestärke und Stunde . . . . 0,45 kg
7) Kosten von 1 kg verzollten Petroleums . . 26,49 Pf.
8) Kosten für eine Pferdekraft und Stunde . . 11,92 „

Legt man diese Annahmen zu grunde, so ergeben sich die folgenden jährlichen Betriebskosten:

Laufende Nr.	Ausgabe für	Jährliche Kosten in $\mathcal{M}$ von effektiven			
		1,25	1,5	2,5	4
1	Petroleum	268	322	536	858
2	Schmiermaterial	50	50	60	100
3	Reparaturen und Instandhaltung	40	40	50	90
4	Amortisation des Anlauf-Kapitals mit 20%	200	250	310	640
	Summa	558	662	956	1688

Diese Kosten werden ungefähr die Aufwendungen darstellen, welche bei äußerster Sparsamkeit und tadelloser Instandhaltung des Motors zu machen sind.

Die in der Bemerkungsspalte der Tafel angegebenen Beschaffungskosten gründen sich auf die in Dauermarf gangbaren Preise für Petroleummotoren mit allem Zubehör, ohne größere Umbauten wie Verkürzung der Bunn, Erneuerung des Ruders u. s. w.

Bei Beschaffungen in Deutschland wird man mehr auf werden, also auch mehr amortisieren müssen.

Auf die Unsicherheit des Durchschnittsverbrauchs an Petroleum von 0,45 kg für die Pferdekraft und Stunde haben wir schon auf Seite 127 hingewiesen.

Die auf Seite 127 vergleichsweise angegebenen Verbrauchswerte ergaben bei dem Preisstand im Januar 1903 folgende Kosten an Petroleum für die Pferdekraft und Stunde:

bei Vollast . . . . 7,3 Pf.
bei halber Belastung . . . . 10,8 "

Dagegen verbrauchte nach ziemlich genauen Messungen ein

	Mark für einen Motor Pferdestärken				Bemerkungen
	6	8	12	16	
	1287	1716	2575	3433	Zu 2 und 3: Die Kosten des Schmiermaterials und der Reparaturen sind geschätzt.
	120	150	200	250	
	110	140	200	250	Zu 4: Die Beschaffungskosten mit Einbau sind wie folgt angesetzt:
	880	1160	1460	1840	1,25 HP = 1000 $\mathcal{M}$ 6 HP = 4400 $\mathcal{M}$
	2397	3166	4435	5773	1,5 " = 1250 " 8 " = 5800 "
					2,5 " = 1500 " 12 " = 7800 "
					4 " = 3200 " 16 " = 9200 "

liefert und probiert wurde, in 31,5 Betriebsstunden für die Pferdekraft und Stunde:

   a. An Petroleum 0,662 kg zu 25 Pf. 16,55 Pf.
   b. " Putzwolle 0,063 " " 76 " 4,79 "
   c. " Schmieröl 0,042 " " 75 " 2,40 "

                              Summe = 23,74 Pf.

Der Motor ist ein Beibootsmotor von 1,5 effektiven Pferdestärken nach der Tafel auf Seite 128 und 129. Der obigen Berechnung ist aber die von der Fabrik angegebene Stärke von 2¼ effektiven Pferdestärken zu grunde gelegt. Die Kosten für die Pferdekraft und Stunde können also noch größer sein.

Betriebskosten von Spiritusmotoren.

Allgemeine Sätze über den Verbrauch an Brennstoff in der Zeiteinheit liegen noch nicht vor. Wir verweisen daher auf die Angaben auf Seite 127. Der daselbst erwähnte Spiritusmotor kostet bei dem Preisstande im Januar 1903 für die Pferdekraft und Stunde:

    a. bei Volllast . . . 7,3 bis 7,6 Pf.
    b. bei halber Belastung . 10,1 „ 10,6 „

Professor Dr. Eugen Meyer[*] gibt ausdrücklich an, daß bei der Marktlage im Januar 1903 unter voller Anrechnung der günstigen Eigenschaften des Spiritus die Brennstoffkosten des Spiritusmotors nicht höher sind, als die des Petroleummotors. — Andererseits sind sie auch nicht niedriger.

---

[*] Die Hauptprüfung der Spirituslokomobilen 1902. Prüfungsbericht erstattet von Professor Dr. Eugen Meyer, Charlottenburg. Berlin SW. 11. Deutsche Landwirtschaftsgesellschaft, Dessauerstraße 14. 1903.